대한민국
규제 백과

대한 민국
규제 백과

한국에서 4차 산업혁명을 가로막는 것들

최성락 지음

페이퍼로드
paperroad

목차

3장 | 빅데이터 발전을 가로막는 규제

4장 | 금융업 발전을 가로막는 규제

5장 | 블록체인과 의료 혁명을 가로막는 규제

6장 | 규제혁신과 4차 산업혁명

7장 | 한국의 규제는 어떻게 바뀌어야 하는가

에필로그

기술 발전보다
규제 변화가 먼저다

역사에서 하나의 수수께끼로 거론되는 주제가 있다. 과거 중국의 과학 문명은 굉장히 우수했다. 근대를 만든 3대 발명품인 화약, 나침반, 인쇄술 모두 중국의 발명품이다. 그런데 이렇게 우수한 기술과 문명을 가지고 있었던 중국은 왜 서양보다 뒤처지게 되었을까? 우리는 근대 사회가 과학, 기술의 발전으로 시작되었다고 배웠다. 그런데 중국은 분명히 서양보다 과학 기술이 크게 발전했던 나라인데도 왜 서양처럼 발전하지 않고 오히려 서양 문명에 점령되었을까?

그 이유 중 하나는 규제 때문이다. 유럽이 세계를 지배하게 된 것은 대항해 시대를 통한 지리적 발견 이후의 일이었다. 유럽이 인도, 동남아에 오면서 유럽의 동양 지배가 시작되었다. 유럽이 배를 타고 아메리카 대륙을 발견하면서 아메리카는 유럽의 식민지가 되었다. 유럽은 앞선 항해 기술을 바탕으로 세계를 자기 지배하에 넣기 시작했다.

하지만 15세기에 항해기술이 가장 뛰어났던 곳은 유럽이 아니었다. 바스코 다가마Vasco da Gama가 아프리카 남단 희망봉을 돌아 인도에 도착한 때가 1498년이었다. 이때부터 서양의 동양 침략이 시작됐다. 그런데 중국의 정화 함대가 대원정을 시도한 것은 1400년대 초였다. 1405년부터 1431년까지 7차례에 걸쳐 아프리카, 중동, 인도, 동남아를 항해했다. 1400년대 초반, 항해 거리나 배의 규모로 볼 때 정화 함대는 유럽의 그것과 비교할 수 없을 정도로 거대하고 뛰어났다. 바스코 다가마의 배는 120톤에 그쳤지만 정화의 배는 8천 톤에 이르렀다. 그러나 1400년대 말이 되었을 때 이 항해 기술은 역전당했다. 유럽은 세계를 휘젓고 다닐 수 있었지만, 중국의 대항해 기술은 사라졌다.

세계 최고의 항해 기술을 가졌던 중국이 그 힘을 발휘하지 못하고 오히려 유럽에 '발견' 당하게 된 것은 규제 때문이다. 정화의 항해 이후 중국은 먼 바다로 나가는 항해를 금지했다. 원양 항해가 금지되니 큰 배를 만드는 기술도 쓸모 없어지고, 그동안 여러 항해에서 모은 기록들도 소용이 없어졌다. 한때 세계의 바다를 탐험했던 중국은 그저 동양의 한 나라가 되어버렸다. 기술이 없어서도 아니고 부족해서도 아니다. 원거리 항해 금지라는 규제가 중국을 그렇게 만든 것이다.

현재 한국은 혁신 성장을 외치고 있다. 혁신 성장은 한국만 하는 이야기는 아니다. 최근 본격적으로 발전한 정보융합, 인공지능, 빅데이터, 유전자 조합, 사물인터넷 기술 등이 미래를 바꾸어 놓을 것으로 기대되고 있다. 한국만이 아니라 여러 나라들이 이러한 기술 발전을 바탕으로 새롭게 발전하는 사회를 만들기 위해 노력하고 있다.

한국도 새로운 추세에 뒤처지지 않게 노력하고 있다. 사업자들은 새로운 기술을 이용해서 앞서나가려 하고, 정부도 빅데이터, 인공지능 등 미래에 유망한 기술에 대해 적극적인 지원책을 내놓고 있다.

그런데 문제가 있다. 바로 규제다. 새로운 기술을 이용해서 앞으로 나아가고 싶은데, 규제가 발목을 잡는다. 지금 한국의 규제는 ICT 융합이 이루어지기 전과 빅데이터, 사물인터넷 기술이 나오기 전의 사회 환경에 알맞게 만들어져있다. 새로운 기술이 개발되면 그 기술을 쉽게 이용할 수 있게 해주고 기술이 사회에 기여할 수 있도록 해주어야 한다. 하지만 한국에서는 그것이 쉽지 않다. 새로운 기술을 활용해서 사업을 하기 어렵다. 규제가 가로막고 있기 때문이다.

규제를 쉽게 바꿀 수 있다면 괜찮겠지만 한국에서는 규제들이 쉽게 변하지 않는다. 변한다고 해도 새로운 기술과 사업 모델에 바로 적용하기 어렵게 변한다. 정화의 대함대는 배를 만드는 기술, 항해하는 기술, 항해 정보를 충분히 가지고 있었지만 결국 그 기술과 정보들은 아무 소용이 없게 되었다. 원양 항해 금지라는 규제 하에서 그런 기술들은 아무 소용없는 것이다. 마찬가지의 현상이 지금 한국에서 일어나고 있다. 지금의 규제는 한국이 새로운 기술을 이용해서 변화하는 것을 가로막고 있다.

중국이 원양 항해를 금지한 이유는 쓸데없이 밖으로 돌아다니지 않고 '그냥 이대로 살기'를 선택했기 때문이다. 우리도 그냥 이대로 변화 없이 살기를 원하고, 또 실제 아무런 변화 없이 현재와 같은 수준으로 계속 살아갈 수만 있다면 별 상관없을 것이다. 하지만 지금 급변하는 세계 환경 속에서 그것은 불가능하다. 다른 나라들은 모두 앞으로 가고 있는데 한국만 가만히 있게 된다면 곧 뒤처질 수밖에 없다. 급변하는 대항해 시대에 맞춰 변화하지 않았던 중국은 이후 서양 국가들에 유린당했다. 변화하는 세상에서 '그냥 이대로 살기'는 절대 좋은 전략이 아니다. 뒤처지다가 결국 다른 나라들에게 먹힐 것이다.

싫든 좋든 우리는 변화해 나가야 한다. 혁신 성장은 여러 갈래의 길 중 다른 길들보다 더 좋은 길을 선택하는 것이 아니라, 뒤처지지 않기 위해서 반드시 가야만 하는 길이다. 현재 한국의 혁신 성장 추구 과정에서 가장 필요한 것은 변화를 가로막는 규제를 바꾸는 일이다. 기술 발전과 성장보다 규제의 변화가 더 먼저 일어나야 한다. 원양 항해가 금지된 상태에서는 원양 항해 기술이 개발될 수 없고 큰 배를 만드는 기술도 발전할 수 없다. 먼저 원양 항해를 인정하는 규제의 변화가 있어야 큰 배도 만들어질 수 있고 항해 기술도 발전할 수 있다.

이 책에서는 현재 한국에서 혁신성장을 가로막는 규제들을 살펴보고자 한다. 그리고 한국에서 혁신이 이루어지려면 어떤 식으로 규제 시스템이 변화해야 할지 살펴볼 것이다. 향후 한국 사회의 규제 방향에 대해 이 책이 조금이나마 도움이 되었으면 한다.

1장

신산업 발전을 가로막는 규제

스마트 공장은
한국에 세워지기 힘들다

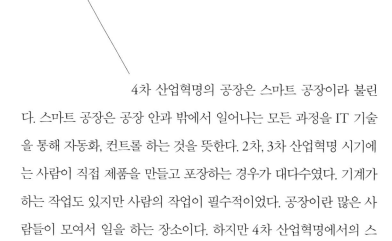

4차 산업혁명의 공장은 스마트 공장이라 불린다. 스마트 공장은 공장 안과 밖에서 일어나는 모든 과정을 IT 기술을 통해 자동화, 컨트롤 하는 것을 뜻한다. 2차, 3차 산업혁명 시기에는 사람이 직접 제품을 만들고 포장하는 경우가 대다수였다. 기계가 하는 작업도 있지만 사람의 작업이 필수적이었다. 공장이란 많은 사람들이 모여서 일을 하는 장소이다. 하지만 4차 산업혁명에서의 스마트 공장은 공정의 모든 부분을 기계로 자동화 시킨다. 사람은 이 자동화된 공정을 관리할 수 있는 몇 명의 관리자만 있으면 된다.

하지만 단순히 공장 내의 공정을 자동화하는 것만이 스마트 공장의 특징이 아니다. 3차 산업혁명기에도 제품을 만드는 단계별로 로봇 등을 이용해 공정을 자동화하였다. 스마트 공장은 모든 공정을 자동화하는 것에서 더 나아간다. 각 공정마다 사물인터넷 등을 이용해 모든 데이터를 수집하는 것이다. 각 공정마다 데이터를 생성하고 이를 수집, 연결, 분석하여 모든 공정의 데이터를 빅데이터로 만들고 이를 분석하면서 운영할 수 있다.

이제까지의 공정 자동화된 공장에서는 상품 조립을 사람이 하지 않고 로봇이 처리했다. 대신 각 공정에서의 작업 속도나 처리 방법 등은 사람이 지정을 해주어야 했다. 어느 한 공정에서 속도가 느려져 문제가 발생하면 사람이 개입해서 문제를 해결했다.

하지만 스마트 공장에서는 이런 부분까지 모두 자동화된다. 특정 공정 단계가 지체되면 그에 맞추어 다른 모든 공정의 속도가 자동 조절된다. 공장 전체가 서로 유기적으로 연결되어 빅데이터와 사물 인터넷 등을 활용해 최적의 생산 체제를 만든다.

4차 산업혁명이 본격적으로 시행되면 스마트 공장을 통해 제조업의 혁신이 일어날 것이라고 예상된다. 그런데 한국에서 스마트 공장의 혁신을 가로막는 중요한 규제가 있다. 바로 수도권 공장 총량제다.

수도권 정비계획법 제18조는 다음과 같이 규정되어 있다.

수도권 정비계획법 제18조(총량규제)
① 국토교통부장관은 공장, 학교, 그 밖에 대통령령으로 정하는 인구집중 유발시설이 수도권에 지나치게 집중되지 아니하도록 하기 위하여 그 신설 또는 증설의 총허용량을 정하여 이를 초과하는 신설 또는 증설을 제한할 수 있다.

위 조항에 따른 수도권의 공장건축 총 허용량은 아래와 같다.

구분	수도권	서울특별시	인천광역시	경기도
총허용량	5,445	36	558	4,851
산업단지이외 공업지역	1,982	25	502	1,455
개별입지	3,463	11	56	3,396

〈2018년~2020년 수도권 공장건축 총허용량 고시(단위: 천m^2)〉

누군가 4차 산업혁명의 기술을 접목해서 스마트 공장을 지으려고 한다. 그런데 스마트 공장을 지을 땅을 구하는 것이 어렵다. 한국 수도권에는 공장총량제 규제가 시행되고 있다. 공장을 지을 수 있는 면적이 정해져 있고 그 총량을 초과하여 공장을 짓는 것은 불가능하다. 현재의 공장들이 총량보다 더 작은 면적으로 지어져 있다면 문제될 것이 없다. 하지만 현재 공장총량은 포화상태이다. 기존의 공장들도 면적을 더 확대하는 것이 거의 불가능할 정도로 새로운 공장을 지을 수 있는 여유가 없다. 스마트 공장이 아무리 훌륭하고 좋다고 해도, 수도권에서는 이런 공장이 새로 지어질 수 없는 것이다.

스마트 공장을 지을 방법이 있기는 하다. 공장총량제는 건축물의 연면적이 500m^2 이상인 공장만 대상으로 한다. 연면적 500m^2 이하의 공장을 짓는다면 공장총량제와 관계없이 공장을 세울 수 있다. 하지만 그 크기의 공장은 상당히 소규모의 공장이다. 스마트 공장의 장점은 커다란 공장을 첨단 기술을 이용하여 소수의 인원으로 운영한다는 점이다. 소규모의 공장이라면 스마트 공장으로 짓는다고 하더라도 크게 이로울 것이 없다. 원래 5명 정도가 운영하는 소규모 공장에서 스마트 공장을 도입하여 5명이 관리해봐야 이익이 없는 것이다. 몇백 명, 몇천 명이 일하던 공장이 스마트 공장으로 변신했을 때 그 효과가 극대화된다. 하지만 이런 규모의 공장은 공장총량제 때문에 세울 수 없다.

다른 방법은 수도권을 벗어나 지방에 스마트 공장을 짓는 것이다. 그러나 지방에 스마트 공장을 세운다면 그 관리 인력을 어디서 구할 것이냐는 문제가 발생한다. 스마트 공장에 사람이 전혀 필요하지 않은 것이 아니라 소수의 관리 인력이 필요하다. 그 관리 인력들은 높은 전문성을 가진 직원이어야 한다. 그러나 대단히 불행히도, 한국에서는 이 정도의 전문 인력을 서울과 수도권 밖에서 찾기 힘들다. 높은 기술력을 가진 전문 인력은 대부분 수도권에 있다. 따라서 수도권을 벗어나 공장을 지으면 이후의 관리, 운영이 힘들어진다. 많은 일반 공장들이 공장총량제 때문에 수도권에 공장을 지을 수 없게 되었을 때 지방에 공장을 짓지 않고 외국으로 나가려는 계획을 세웠다. 이런 이유 중 하나가 바로 인력 충원의 문제다.

공장총량제를 지키면서 스마트 공장을 세울 수 있는 또 다른 방법은 기존의 공장을 없애고 그 자리에 스마트 공장을 짓는 것이다. 하지만 아무 문제 없이 운영되고 있는 공장을 이유 없이 철거하고 새로 스마트 공장을 세우는 것은 실질적으로 기업이 선택할 수 있는 대안이 아니다. 우선, 지금 운영하는 공장 가동이 멈추면서 엄청난 기회비용이 발생한다. 기존 공장의 기계 설비들은 모두 고철이 되어, 공장을 계속 운영한다면 얻을 수 있는 수익을 포기해야 한다.

연 10억 원의 순이익을 내는 공장이 있다고 가정해보자. 기존 공장을 폐쇄하고 새로 스마트 공장을 만드는 데 걸리는 시간을 2년이라고 가정하면 총 20억 원의 수익을 손해 본다. 스마트 공장의 순이익은 연 12억 원이라고 가정하자. 기존 공장의 순이익은 연 10억 원이었는데 스마트 공장의 순이익이 연 12억 원이니 생산성이 20% 증진되는 것이다. 공장으로선 엄청난 발전이다. 하지만 공장을 돌리지 않는 동안 총 20억 원의 기회비용 손실이 발생한다. 이 손실을 메꾸려면 스마트 공장을 가동하고도 10년이 넘는 시간이 걸린다. 아무리 스마트 공장이 우수하다고 해도 투자금 회수에 이렇게 긴 시간이 걸린다면 투자 결정을 내리기 쉽지 않다. 스마트 공장 공사비까지 고려한다면, 그냥 지금 공장 그대로 가는 게 낫다.

수도권 공장총량제는 수도권으로의 인구 집중, 산업 집중을 방지하고 전국에 공장을 분포시키기 위한 규제이다. 그러나 실질적으로 지방에 공장이 늘어나는 것은 아니다. 스마트 공장도 마찬가지이다. 수도권에는 공장을 지을 수 있는 땅이 없어서 짓지 못하고 지방에는 현실적 이유 때문에 짓기 어렵다. 한국에서 스마트 공장이 대세가 되는 것은 어려운 일이다.

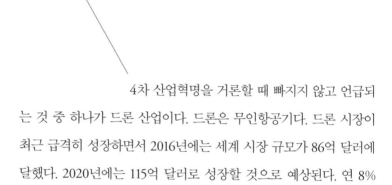

드론으로 택배를
보내는 날이 올까?

4차 산업혁명을 거론할 때 빠지지 않고 언급되는 것 중 하나가 드론 산업이다. 드론은 무인항공기다. 드론 시장이 최근 급격히 성장하면서 2016년에는 세계 시장 규모가 86억 달러에 달했다. 2020년에는 115억 달러로 성장할 것으로 예상된다. 연 8% 정도의 고성장이다.

현재 드론 산업을 가장 주도하는 국가는 미국이다. 그리고 중국 역시 향후 4차 산업혁명에서 주도적 역할을 할 것으로 예상되는 드론 산업의 가능성을 보고 엄청난 투자를 하고 있다.

사실 드론은 최근 들어 나타난 기술이 아니다. 이미 오래전부터 군사 분야에서 드론이 사용되고 있었다. 미군이 운영하는 비행기 중에서는 유인비행기보다 무인비행기인 드론이 높은 비율을 차지할 정도로 군사 분야에서의 드론은 특별한 신기술도 아니고 새로 각광

받는 분야도 아니다.

군사 분야에서 가장 비용이 많이 드는 분야 중 하나가 전투기 조종사 양성이다. 한국에서도 한 명의 전투기 조종사를 양성하는 데에 몇십 억이 든다. 그런데 드론을 사용하면 그 비용을 절감할 수 있다. 또 비행하기 어려운 장소, 생명의 위협이 있는 군사 지역 등에서의 비행도 쉽게 가능해진다. 드론의 사용으로 군사 비용은 줄이면서 군사 작전 능력은 큰 폭으로 증가시켰다

4차 산업혁명에서 드론이 중시되는 이유는 그동안 군사용으로만 발달해 온 드론이 드디어 민간 부문에서도 활성화되었기 때문이다. 민간 부문에서의 드론 활용은 군사 분야와 마찬가지로 생산성 증가를 기대하게 만든다.

그런데 민간 부문에서 드론을 활용할 때는 문제가 있다. 드론이 과연 독립된 산업이라고 말할 정도로 사용할 분야가 많은가라는 점이다. 드론이 민간에서 사용된다면 도대체 어떤 분야에서 사용할 수 있을까?

넓은 공간에서 드론을 날리며 즐기는 사람들이 증가했다고 하지만 그런 건 기본적으로 산업이 아닌 취미 활동이다. 드론으로 하늘에서 내려다보는 사진을 찍는 것도 취미 활동이다. 이런 활동은 어느 정도 이상의 시장 규모로 성장할 수 없다. 드론으로 방송 촬영을 한다고 해도 방송사가 한 국가에 몇천 개가 있는 게 아니라서 그 수요는 제한적이다.

농사를 지을 때 드론으로 비료를 살포하는 일 역시 한국에서라면 새로운 일일 수 있지만, 미국 등의 해외에서는 예전부터 비행기로 농약을 뿌려왔다. 드론으로 농약 뿌리는 일을 산업혁명이라고까지 부르기는 어렵다.

앞으로 계속 드론이 발달한다면 가장 활발하게 산업적으로 이용될 가능성이 있는 부분이 바로 물류이다. 택배 산업에서 드론을 이용한다면 드론 산업이 거대하게 커질 수 있다. 현재 택배 시스템은 사람이 직접 트럭을 운전해서 배달하는 방식이다. 인건비가 어마어마하고 트럭 등의 운행 비용도 상당히 크다. 한국의 대표 배달 업체 중 한 곳인 쿠팡은 매년 약 6천억 원의 적자를 보고 있다고 한다. 그 주된 이유가 배달원 인건비다. 물류 산업은 어느 나라에서나 중요한 사업이고 국가 산업에서 피와 같은 역할을 한다. 하지만 비용이 많이 든다는 점, 특히 인건비 부담이 크다는 점이 문제다.

드론은 이 문제를 해결해 줄 수 있다. 사람이 직접 배달하지 않고 드론으로 배달하는 것, 이것만 가능하게 된다면 4차 산업혁명의 한 줄기로 당당히 인정받을 수 있다. 아파트 밀집 지역까지 모두 100% 드론이 배달할 필요는 없다. 최소한 도심이 아닌 지역, 산간 지역에서만이라도 드론이 이용된다면 충분히 제 역할을 하는 것이다.

미국도, 중국도, 드론 활용의 주요 목적 중 하나가 바로 이 택배 운송이다. 하지만 지금 한국에서는 드론을 택배에 활용하는 것이 기본적으로 불가능하다. 물론 아직까지는 드론으로 배송을 한다는 것이 기술적으로도 어려운 부분이긴 하다. 하지만 한국에서 드론을 이용한 택배가 불가능한 것은 기술만의 문제가 아니다. 규제의 문제가 크다.

드론은 하늘 위를 날기 때문에 항공기, 헬리콥터 등과 충돌할 위험도 있고 고층 건물이 많은 곳에서는 건물과 충돌할 위험도 있다. 그래서 드론은 아무 곳에서나 날릴 수 없다. 기본적으로 공항 근처에서는 날릴 수 없고, 도심 지역에서도 곤란하다. 또 고도 $150m$ 이상으로 날면 레이더에 잡힌다. 이 경우에는 항공 관제에 심각한 문제가 될 수 있다. 그래서 드론은 레이더에 잡히지 않도록 고도 $150m$ 이하로만 운항하게 되어 있다. 이런 규제는 세계 공통이다. 다른 나라에서도 이 정도의 드론 비행 규제는 하고 있다.

문제는 그다음이다. 미국의 드론 비행 규제는 네거티브 규제이다. 드론 비행을 하면 안 되는 곳을 지정하고, 그 외의 지역에서는 드론을 자유롭게 날릴 수 있다. 반면, 한국은 포지티브 규제이다. 드론 비행이 자유롭게 이루어질 수 있는 곳이 전국에 31개 구역으로 정해져 있다. 그 외의 지역으로 비행하려면 미리 승인을 받아야 한다.

규제 방식에는 네거티브 규제와 포지티브 규제가 있다. 네거티브 규제 방식에서는 법령에서 명시적으로 금지하고 있지 않은 이상 모든 것이 합법이다.

다음 그림에서 보듯이 네거티브 규제 방식에서는 드론이 비행 금지 구역을 피하면서 많은 지역에 배달할 수 있다. 하지만 법령에서 명시한 것만 허락하는 포지티브 규제 방식에서 드론은 비행 허용 지역 내에서만 움직일 수 있다. 기본적으로 다양한 지역으로 배달을 할 수 없는 구조이다.

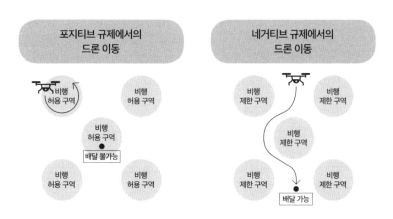

물론 비행 승인을 받으면 배달이 가능하다. 하지만 택배에 드론을 사용한다면 하루 한두 번이 아니라 몇십 번, 몇백 번을 사용하게 된다. 비행 승인은 비행을 할 때마다 모두 받아야 한다. 하루에 몇십 번, 몇백 번씩 비행 승인을 받아야 하는데, 그런 식으로는 드론을 산업적으로 활용할 수 없다.

또한 한국에서 드론을 날릴 땐 조종사가 육안으로 드론을 볼 수 있는 한도 내에서만 운행하도록 되어 있다. 물론 안전을 위해서다. 하지만 육안으로 볼 수 있는 곳에서 드론을 움직이는 경우는 취미용, 촬영용으로나 적당하다. 택배용으로 사용할 때는 눈으로 확인 가능한 곳에서만 움직이게 할 수 없다.

한국에서 드론 기술이 앞으로 더 발달하면 택배로 활용될 수 있을까? 기술적으로는 당연히 가능하다. 미국에서 드론이 택배에 주도적으로 활용되고, 또 유럽과 일본, 중국에서 드론이 활발하게 사용되고 난 이후에는 한국도 드론을 제대로 활용할 수 있다. 그때에는 포지티브 규제 방식이 네거티브 규제로 바뀔 수도 있다. 하지만 한국이 앞장서서 드론을 활용한 택배 배송 기술을 개발하거나 시장을 선도할 수는 없을 것이다. 지금의 한국 드론 규제는 그것을 불가능하게 하고 있다.

무인자동차
시대가 온다?

　　　　　　4차 산업혁명과 관련된 자동차 분야의 가장 큰 변화는 전기자동차, 그리고 무인자동차일 것이다. 사람이 직접 운전하지 않고 컴퓨터 프로그래밍 된 자동차가 스스로 운전하는 무인자동차가 앞으로 일반화될 것으로 예측된다. 2018년 3월, 우버Uber에서 개발한 무인자동차가 시험 운행중에 사람을 치어 사망하게 한 일이 있어 무인자동차의 시대는 좀 더 미뤄질 것으로 보는 경우도 있지만 무인자동차는 결국 보편화될 것이다. 우선, 사람이 운전하는 것보다 무인자동차의 경우 훨씬 더 사고율이 낮고 안전하다. 또한 자동차 운전자에게 드는 비용도 절감할 수 있다. 무인자동차는 4차 산업혁명에서 기대되는 주요 혁신적 변화 중 하나이다.

　　그런데 한국에서 무인자동차가 활성화되기 위해서는 한 가지 조건이 필요하다. 현재 자동차관리법은 이런 식으로 규정되어 있다.

자동차 관리법 제24조의2

① 자동차는 제2조제3호에 따른 자동차사용자가 운행하여야 한다.

　(2조 3. "자동차사용자"란 자동차 소유자 또는 자동차 소유자로부터
　자동차의 운행 등에 관한 사항을 위탁받은 자를 말한다.)

그리고 현재 도로상에서 주차금지를 하면 안 된다든지, 차선을 지켜야 한다든지 등의 규정은 모두 운전자의 의무로 되어 있다.

도로교통법 제13조

① (생략) 운전자는 보도와 차도가 구분된 도로에서는 차도로 통행하여야
　한다.

② (생략) 운전자는 보도를 횡단하기 직전에 일시정지하여 좌측과 우측
　부분 등을 살핀 후 보행자의 통행을 방해하지 아니하도록 횡단하여야
　한다.

③ (생략) 운전자는 도로의 중앙 우측 부분을 통행하여야 한다.

즉, 자동차로 도로를 다니기 위해서는 '운전자'가 필요하다. 그래야 법적으로 도로를 다닐 수 있다. 지금도 무선 조종기로 원격 조종할 수 있는 모형 자동차는 시중에 많이 나와 있다. 하지만 이런 모형 자동차들은 도로를 이용할 수 없다. 자동차 운행과 관련된 의무를 적

용할 운전자가 없기 때문이다. 원격 조종 모형 자동차들은 광장이나 공원에서만 즐길 수 있다. 이러한 법 조항이 바뀌지 않는 한 무인자 동차는 아무리 일반 자동차와 같은 성능을 갖고 있다고 하더라도 한 국에서 법적으로 도로를 달리는 것이 불가능하다.

그렇다면 규제 조항을 바꾸면 되지 않을까? 무인자동차가 개발 되고 정말로 무인자동차가 거리를 달릴 수 있게 되면 법 조항에서 '운전자' 문구를 빼면 되지 않을까? 법 조항은 국회와 정부가 바꾸려 고 마음먹으면 그리 어렵지 않게 바꿀 수 있다. 단, 조건이 있다. 해당 법 조항의 개정을 반대하는 세력이 없어야 한다. 법 개정에 반대하는 목소리가 없다면 법은 쉽게 개정될 수 있다. 하지만 개정에 반대하는 목소리가 생기면 개정이 그리 쉽지는 않다. 하물며 결사적으로 반대 한다면? 그러면 법 개정은 굉장히 어려운 일이 되고 만다. 아무리 법 을 바꾸어야 한다는 목소리가 강해도, 개정을 반대하는 목소리가 강 력하면 쉽지 않다.

무인자동차는 앞으로 일상화될 것으로 예상되는 기술 발전들의 결정체다. 무인자동차를 이용하면 피로감을 줄이면서 쉽게 이동할 수 있다. 그런데 누가 무인자동차 운행을 반대할까?

사람들은 무인자동차가 보급된다고 할 때 일반 자가용이 무인자 동차로 변경되는 것으로 생각하는 경우가 많다. 운전자가 직접 운전 하지 않고 시트에 앉아있으면 자동차가 알아서 회사에 데려다주는 것으로 생각한다. 물론 이런 경우도 실제로 가능해질 것이다. 하지만 이것은 무인자동차 보급의 제일 마지막 단계이다. 무인자동차 운행을 가장 먼저 적용하는 분야는 화물트럭, 그리고 버스이다. 그다음이 택시가 될 것이고 일반 자동차는 제일 마지막 단계이다.

화물트럭에 일차적으로 무인자동차가 적용되는 이유는 화물트럭의 출발지와 목적지가 확실하기 때문이다. 출발지와 목적지를 고정하고 이동 루트를 확정할 수 있으며 신호등의 위치, 횡단보도의 유무 등도 사전에 모두 알 수 있다. 프로그래밍이 굉장히 쉽다.

버스 역시 출발지와 목적지, 경유지가 확실하다. 하지만 버스는 도중에 정류장에서 사람을 내려주고 새로 태워야 한다. 화물트럭보다 고려해야 할 요소가 훨씬 많아진다. 택시와 자가용은 출발지와 목적지가 그때그때 달라진다. 이렇게 되면 개발해야 하는 프로그램의 수준이 달라진다. 화물트럭을 무인자동차에 일차적으로 적용하고 일반 자동차에 늦게 적용되는 이유는 이러한 점들 때문이다.

미국은 왜 무인자동차를 개발하려 하는가? 사람이 운전하는 것보다 무인자동차가 더 안전하고 무인자동차가 자동차 운행 비용을 크게 절감해주기 때문이다. 아무리 자동화의 시대가 왔다고 하더라도 물건을 운반하는 것만은 아직 자동화가 되지 않았다. 트럭에 물건을 싣고 목적지까지 물건을 이동할 때 반드시 필요한 존재가 있다. 바로 트럭 운전사다. 미국에는 트럭 운전사가 129만 명이나 있다. 한 달에 200만 원만 지급한다고 해도 1년이면 31조 원의 인건비가 든다. 무인자동차를 도입하면 이 어마어마한 인건비를 절약할 수 있다.

무인자동차의 경제적 효율은 여기에서 나온다.

하지만 무인자동차 시대는 장밋빛이 깔린 탄탄대로만을 말하지 않는다. 한국에는 화물자동차가 약 39만 대 있다. 이 화물트럭들이 전국 각지에 물건을 보급한다. 이 말은 최소 39만 명의 화물트럭 운전사들이 일하고 있다는 뜻이다. 무인자동차 시대가 된다는 것은 이 트럭 운전사들이 모두 일자리를 잃게 된다는 것을 의미한다. 또한 한국에는 약 15만 명의 버스 운전사가 근무하고 있다. 트럭 운전사 다음으로 이 버스 운전사들이 일자리를 잃게 될 것이다. 무인자동차는 많은 사람들이 일자리를 잃을 위험이 있는 폭탄이다.

만약 무인자동차로 인해 손해를 입는 사람이 없다면 무인자동차가 쉽게 도입될지도 모르지만 무인자동차 때문에 일자리를 잃는 사람이 수십만 명 생긴다면 무인자동차 도입을 반대하는 목소리가 그만큼 커질 것이다. 하지만 미국에서는 트럭 운전사들이 반대한다고 해서 무인자동차를 운행하지 못하는 일은 없을 것이다. 사람이 운전하는 트럭이 무인 트럭으로 천천히 변화하고 마침내 거의 모든 자동차에서 무인 시스템이 이용될 것이다.

하지만 한국에서는 간단한 일이 아니다. 무인자동차가 개발된다고 해서 바로 한두 대씩 도입해볼 수 없다. 법 규정부터 바꿔야 하기 때문이다. 이때 트럭 운전사와 버스 운전사들은 법 개정에 반대할 것이다. 생존과 관련된 일이기 때문에 강력히 저항할 것이다. 시대에 역행한다는 비판도 듣겠지만 단순히 시대에 순응하기 위해 자신의 삶을 포기할 수는 없는 일이다. 그러므로 아무리 무인자동차 운행의 당위성이 인정된다고 하더라도 트럭 운전사와 노선버스 운전사들이 파업으로 법 개정에 맞선다면 정치권과 정부에서는 무인자동차 도입을 최대한 늦출 것이다. 기존의 트럭 운전사가 운행하는 트럭은 그대로 두고, 새로 도입되는 화물 자동차에만 무인 시스템을 도입하는 식으로 타협을 시도할 것이다. 그리고 트럭 운전사, 버스 운전사들이 모두 은퇴를 할 정도로 시간이 충분히 지난 뒤에야 무인시스템이 일반화될 것이다. 하지만 이럴 경우 한국은 세계에서 무인시스템이 가장 늦게 보급되는 국가가 될지도 모른다. 무인자동차 시대의 선두에 서는 것은 어림도 없다.

3D 프린터가
활성화될 수 있을까?

　　　　　　　3D 프린터는 4차 산업혁명의 주역 중 하나로
꼽힌다. 일반 프린터는 글자를 인쇄하지만 3D 프린터는 3차원의 물
체를 만들어낸다. 3D 도면을 입력해서 그 도면대로 물체를 만들 수
있다.

　　3D 프린터의 가장 큰 장점은 맞춤형 제품 제작이 가능하다는 점
이다. 지금까지의 제품들 대부분이 공장에서 대량 생산을 통해 만들
이졌다. 대량 생신 제품은 개개인의 선호가 잘 빈영되지 않기 때문에
다수의 사람들에게 받아들여질 수 있는 제품만 생산됐다. 대량생산
제품이 마음에 들지 않더라도 개인은 그 제품을 사용할 수밖에 없었
다. 물론 개별적으로 자기 마음에 맞는 제품을 주문해서 사용할 수도
있기는 하다. 하지만 이럴 경우 공장은 개인의 주문에 맞춘 새로운
금형을 제조해야 하고 이 금형으로 물건을 소량만 제작하게 되니 도

무지 수지를 맞출 수가 없다. 그래서 소비자는 개별 주문을 위해 높은 가격을 지불해야만 했다. 그렇게까지 해서라도 원하는 제품을 이용하겠다는 소수의 사람을 제외하고는 대량 생산 제품을 사용하는 경우가 일반적이었다.

하지만 3D 프린터를 이용한 제작은 다품종 소량 생산이 기본이다. 일반 제조업에서는 새 제품을 만들거나 변형을 줄 때 금형을 새로 만들어야 했다. 하지만 3D 프린터를 사용하게 되면 금형을 새로 제조할 필요 없이 프로그램에서 도면을 조금 수정하면 된다. 다품종을 만드는 것이 어렵지 않다. 또한 3D 프린터에서는 1개를 생산하든 100개를 생산하든 한 제품당 드는 생산비가 거의 동일하다. 1개만 생산한다고 해서 소비자가 더 높은 금액을 지불할 필요가 없다. 공장에서 주문 생산 하는 경우보다 훨씬 저렴한 비용으로 개인의 마음에 딱 맞는 제품을 생산해 사용할 수 있다.

3D 프린터는 제조업의 혁명이다. 3D 프린터가 4차 산업혁명의 주역 중 하나로 포함된 데에는 그만한 이유가 있다. 그렇다면 한국에서도 3D 프린터가 활성화될 수 있을까? 그렇지 않다. 한국에는 생활 제조품의 안전을 보장하기 위한 전기용품 및 생활용품 안전관리법과 각종 인증제도가 있다. 이 법은 공산 제품이 다른 사람들에게 판매될 때 지켜야 할 조건을 규정하고 있는데, 3D 프린터로 만들어진 제품들은 이런 법의 조건을 충족하기 쉽지 않다.

우선, 전기용품 및 생활용품 안전관리법에서는 제품을 안전인증

대상, 안전확인 대상, 공급자 적합성 확인 대상, 안전기준 준수 대상 생활용품으로 구분하고 있다.

전기용품 및 생활용품 안전관리법 상 제품의 구분	각 제품들이 준수하여야 할 사항
안전인증 대상	제품 시험, 공장 심사, 인증
안전확인 대상	제품 시험, 신고
공급자 적합성 확인 대상	제품 시험
안전기준 준수대상 생활용품	제품 시험 의무 없음

첫 번째 안전인증 대상 품목들은 제품을 생산한 뒤에 테스트를 통해 안전성을 입증해야 한다. 또한 제품을 생산한 공장이 적정한가의 여부도 심사를 받아야 한다. 그 후에야 제품을 판매할 수 있다.

두 번째 안전확인 대상의 경우, 제품의 안전성을 시험하고 그 결과를 정부에 신고해야 한다. 세 번째 공급자 적합성 확인 대상 제품은 정부에 결과를 신고할 필요는 없지만 안전성 시험을 받고 그 결과물을 보관해야 한다.

이 세 가지 경우에는 제품 시험을 품목별로 빠짐없이 해야 한다. 겉모양만 살짝 달라지고 기능이 동일하다고 하여 시험을 면제받을 수 있는 것이 아니다.

대량 생산 제품을 만드는 경우에는 모든 품목을 시험 하는 것이 어렵지 않다. 10만 개, 혹은 1만 개를 생산했을 때 그중 몇 개만 샘플 시험을 받으면 된다. 하지만 3D 프린터는 대량 생산용이 아니다. 다품종 소량 생산을 위한 것이다. 10개, 100개 정도를 생산하기 위해 3D 프린터를 이용하는데 이렇게 수십 개, 수백 개만 생산하는 경우에도 모두 안전 시험을 거쳐야 한다. 1~2개만 생산하더라도 시험을 한 이후에만 다른 사람에게 판매할 수 있다. 100개 품목을 100개씩 만들어서 총 1만 개를 생산한다면 제품 시험을 100번 해야 한다. 제품을 시험하는 비용이 몇만 원밖에 안되고 시간도 단지 몇 시간밖에 걸리지 않는다면 큰 문제가 없겠지만 시험에 최소 며칠, 몇 주일이 걸리고 비용 또한 몇백만 원씩 필요하다면 이건 간단한 문제가 아니다. 시험 비용으로만 수억 원을 지출해야 한다. 특히 안전인증 대상 품목의 경우에는 공장 심사까지 받아야 한다. 이렇게 되면 간단하게 사무실에서 3D 프린터로 제품 생산하는 일은 포기할 수밖에 없다. 3D 프린터가 개개인을 위한 맞춤형 제품을 만들더라도 이렇게 안전 시험을 무조건 거쳐야 한다면 산업적으로 큰 의미가 없다. 3D 프린터가 산업적으로 성장하는 것은 불가능하다.

네 번째 안전기준 준수대상 생활용품은 제품 시험을 받지 않아도 된다. 그런데 안전기준 준수대상 생활용품은 화장비누, 간이 빨래걸이, 텐트 등 23개 품목밖에 되지 않는다. 이 23개 품목만으로 3D 프린터를 산업적으로 크게 이용할 수 있을까? 4차 산업혁명이라고 불릴 정도로 큰 변화를 이끌어 내기는 쉽지 않을 것이다. 개인이 3D 프린터로 제품을 생산하고 자신이 그 제품을 사용하는 경우에는 제품 시험을 받지 않아도 되기는 하다. 하지만 이 경우 3D 프린터는 취미용일 뿐이다. 3D 프린터를 만드는 기업만 매출이 성장할 뿐, 산업적으로 큰 의미가 있는 변화를 이끌진 못할 것이다.

한국은 안전을 굉장히 중시한다. 그래서 조금이라도 위험이 있다고 판단되는 제품들은 모두 시험을 거쳐서 안전성을 확인하도록 하고 있다. 생산자는 안전성 확인 시험을 거친 후에만 판매할 수 있다. 이 규제는 안전을 위하는 좋은 규제이다. 하지만 소량 맞춤형 제품 생산을 추구하는 3D 프린터와는 상극이다. 한국에서 3D 프린터 산업의 발전은 쉽지 않다.

전기자동차는 충전소에서만
충전하는 것이 아니다

4차 산업혁명에서 기대되는 산업 중 하나는 전기자동차 산업이다. 그동안 자동차는 휘발유나 경유를 원료로 사용했다. 석유를 사용하는 석유 자동차인 것이다. 그런데 석유를 사용하면 필연적으로 배기가스가 배출된다. 이 배기가스가 대기 오염의 주원인이다. 특히 경유를 사용할 때 나오는 배기가스가 공기의 질을 떨어뜨린다. 또한 석유를 사용하면 이산화탄소가 배출되고 지구 온난화 등을 야기한다. 석유는 굉장히 좋은 에너지이기는 하지만 지불해야 하는 대가도 또한 크다.

전기자동차는 말 그대로 전기로 움직이며 배기가스를 배출하지 않는다. 전기를 대량 생산하기 위해 더 많은 발전소를 지어야 한다는 한계가 있지만 최소한 대기 오염은 크게 줄일 수 있다는 장점이 있다. 무엇보다 전기자동차를 만드는 절차가 휘발유 자동차보다 훨씬 간단하다. 휘발유 자동차에는 부품이 3만여 개 필요하지만 전기자동차는 1만여 개의 부품만으로 조립이 가능하기 때문이다. 산업 공정 측면에서도 획기적이고 효율적이다. 석유 자동차를 전기자동차로 대체하는 것은 4차 산업혁명의 청사진 중 하나이다.

전기자동차의 가장 큰 문제점은 배터리의 성능, 그리고 충전 문제이다. 한 번 충전했을 때 어느 정도의 거리를 안정적으로 갈 수 있느냐라는 배터리의 성능은 전기자동차에서 가장 중요한 부분이다. 배터리의 성능이 낮아서 몇십 킬로미터밖에 주행할 수 없었던 시절에는 전기자동차의 활성화 이야기가 아예 언급되지 않았다. 단 한 번의 충전으로 몇백 킬로미터를 주행할 수 있게 되면서부터 전기자동차 보급 이야기가 시작됐다. 전기자동차의 배터리는 점점 더 진화하고 있다. 10년 정도 지나면 지금의 휘발유 자동차와 큰 차이 없는 성능을 보일 것이다. 아직은 전기자동차를 일상적으로 사용할 만큼 배터리 성능이 높지 않지만 기술 발전으로 배터리 문제가 곧 해결될 것으로 기대한다.

전기자동차 보급의 진짜 문제는 충전이다. 휘발유 자동차 보급을 말할 때 주유소가 필수 요소이듯이 전기자동차에서도 전기 충전소가 필수다. 지금의 정부, 지자체, 그리고 업계는 휴게소, 대형마트, 공공기관 주차장 등에 충전소를 설치하게 하는 등 많은 노력을 하고 있다. 하지만 이런 식으로 길거리에 충전소가 증가한다고 하여 전기자동차가 많이 보급되는 것은 아니다. 휘발유 자동차의 주유소와 전기자동차가 필요로 하는 전기 충전소는 그 성질이 완전히 다르기 때문이다.

휘발유 자동차 운전자는 기름이 떨어지면 주유소에 가서 기름을 넣는다. 그래서 거리에 얼마나 적당한 개수의 주유소가 있느냐가 중요하다. 하지만 전기자동차는 경우가 다르다.

전기자동차는 일단 집에서 배터리 충전을 100% 한 다음, 밖으로 나가야 한다. 집에서 충전하지 않고 배터리 전기가 부족할 때만 충전소로 가서 전기를 충전하는 방식은 불가능하다. 휘발유 자동차는 사용하지 않는 동안 연료가 줄지 않는다. 그래서 기름이 부족하면 부족한 대로 집에 세워놓고, 차를 몰고 나갔을 때 기름을 넣어도 된다. 하지만 전기자동차는 다르다. 전기는 사용하지 않는 시간에도 계속 줄어들다가 결국 방전이 된다. 휘발유 자동차 배터리를 오랫동안 사용하지 않으면 방전이 돼버리는 것처럼 전기자동차도 마찬가지인 것이다.

사실 사람들은 자동차를 생각보다 오랜 시간 몰지 않는다. 버스, 택시, 트럭 등의 영업용 자동차는 매일 운영되지만 일반 자동차는 보통 출퇴근 시간에만 사용한다. 하루에 2~3시간만 이용하고 20시간 넘게 주차장에 세워놓는 것이다. 출퇴근 시간에 대중교통을 이용하고 주말에 장 보러 가거나 놀러 나갈 때만 사용하는 사람들도 많다. 이 경우에는 일주일 중 5일 동안 자동차가 정지해있다. 휘발유 자동차는 이렇게 장시간 사용하지 않아도 괜찮다. 주차장에 세워놓는다고 해서 기름이 없어지지 않기 때문이다. 하지만 전기자동차는 충전 없이 오래 세워두면 방전될 가능성이 있다. 전기가 다 떨어져 움직이지 못하거나 전기가 약간 남아있다고 하더라도 충전소로 가는 도중에 멈춰 버릴 가능성이 커진다. 그래서 전기자동차는 충전소에서만 충전하는 것이 아니다. 집에서 먼저 충전을 가득하고 돌아다니다가 전기가 떨어질 때쯤 충전소에서 충전해야 한다.

미국이나 유럽, 일본 등에서는 전기자동차 보급이 큰 문제가 아니다. 이 나라 국민들은 단독 주택에 사는 경우가 많고 개인 주차장도 가지고 있다. 그래서 본인의 주차장에 충전소를 만들어 사용하면 된다. 그러나 한국은 단독주택보다 아파트, 빌라 같은 공공주택 거주자 비율이 훨씬 높다. 아파트 거주인구는 약 942만 명이고 공동주택은 222만 명, 단독주택 거주 인구는 664만 명이다. 아파트 같은 공동주택에서 본인 차만 이용할 수 있는 충전기를 설치하는 일은 매우 어렵고 공동 주택에서 주차장을 공유하듯 충전기도 공유해야 한다.

전기자동차 소유자는 모든 이들이 공유하는 충전기에서 충전한 후 자신이 충진한 진기 요금을 따로 지급해야 한다. 이를 소위 '이동형 충전기'라고 한다. 아이디가 부여되어 있는 이동형 충전기를 이용하면 충전기가 있는 곳 어디에서든 충전을 하고 사용한 만큼의 전기 요금을 낼 수 있다.

그런데 여기서 문제가 발생한다. 아파트에는 가구마다 전기 계량기가 설치되어 있다. 개인이 사용한 전기량을 측정해서 그에 따른 전기 요금을 내고 건물 전체와 관련된 전기료는 전체 전기료를 산정한 후 세대별로 균등하게 나눈다. 그런데 주차장의 충전기는 아파트 전체의 전기를 사용하면서도 요금은 전기자동차를 충전한 개개인에게 분배해 청구해야 한다.

전기를 담당하는 기관인 한국전력의 업무 지침에는 이렇게 적혀 있다.

> (전기차 소유자가 이동형 충전기를 이용하려면) 건물의 전체 전력설비 용량 내에서 분리 과금을 허용받아야 한다. 관리소장과 아파트 입주자 대표의 승인을 받고 콘센트를 지정받아야 한다.

이런 업무지침이 있는 이유는 전기를 훔치는 행위를 방지하기 위해서다. 현재 전기자동차용으로 지불하는 전기료는 일반 전기료보다 저렴한 편이다. 그러니 전기자동차를 충전한다고 해놓고 다른 용도로 전기 사용하는 일을 방지하는 규정이 필요하다. 그래서 위 규정에서는 관리 소장과 아파트 입주자의 승인을 받도록 하고 있다. 그런데 전기자동차를 이용하는 사람 입장에서는 전기자동차를 아파트에서 충전하기 위해 관리소장과 입주자 대표의 허락을 받는 일이 쉽지 않다. 콘센트를 지정받으면 그 자리는 항상 그 사람만 쓸 수 있다. 이 말은 다른 사람들은 주차장을 공용으로 사용하는데 전기자동차를 가지고 있는 사람은 주차장의 한 공간을 독점적으로 사용하겠다는 의미를 지닌다. 다른 주민들은 주차공간을 찾기 위해 헤매야 하는데 전기자동차 소유자는 콘센트가 있는 본인만의 장소를 항상 확보할 수 있게 되니 허락을 받기 어려울 수밖에 없다.

이런 식이라면 아파트 거주민 중에 전기자동차를 사용하는 사람이 과연 증가할 수 있을까? 한 동에서 소수 몇 명이 이용하는 정도는 가능할지 몰라도 많은 사람들이 이용하는 것은 한계가 있다. 전기자동차 보급이 어려운 이유는 배터리 성능 부족, 충전소 부족 문제도 있지만 이런 전기 관련 규제가 큰 걸림돌 역할을 하고 있다.

한국 기자는 외국의 신제품 발표회에
참석할 수 없다?

최근 다국적 대기업들은 신제품을 발표할 때 대규모의 컨퍼런스를 개최한다. 애플은 아이폰의 새로운 버전을 출시할 때마다 제품 발표회를 진행하고 전 세계의 주요 언론계 인사들을 초청한다. 자동차 산업도 마찬가지이다. 새로운 모델이 나올 때 자동차 기업 역시 기자들을 모아 발표회를 연다.

이렇게 언론 기자들을 모아 신제품 발표회를 여는 이유는 간단하다. 자사 제품을 기사로 홍보해달라는 것이다. 아무리 좋은 신제품이 출시돼도 일반인들은 그 소식을 알지 못한다. TV 방송, 인터넷 기사, 신문, 잡지 등에서 소개를 해야 제품에 대한 정보를 전달받는다. 미디어에 광고하는 방법도 있지만 TV, 신문, 인터넷 등에 한꺼번에 광고를 하려면 비용이 만만치 않다. 기자들을 모아 정보를 제공하고 그 기자들이 이 제품에 대한 기사를 작성하면 직접 다양한 미디어에 홍보하는 것보다 훨씬 적은 비용으로 일반인에게 제품 정보를 전달할 수 있다.

기자 측에서도 이러한 신제품 발표회는 중요하다. 신제품 발표회에 참여한 기자는 제품에 대한 자세한 정보를 전 세계에서 최초로 알게 되는 사람이며 신제품 발표회에서 얻은 자료로 기사를 쓰는 것 자체가 특종이다. 본인의 나라에서 최초로 신제품 정보를 알리는 기사를 작성함으로써 기자로서의 위상도 높일 수 있다. 이렇게 신제품 발표회는 제품을 알리려는 기업과 기자의 상호 협조로 이루어진다.

그런데 한국에서는 기자들이 해외 제품 발표회에 참석하기 힘들다. 「부정청탁 및 금품등 수수의 금지에 관한 법률」, 소위 '김영란법' 때문이다. 김영란법은 부정청탁, 즉 다른 사람에게 돈이나 선물을 주면서 청탁하는 것을 금지한다. 김영란법의 대상은 공무원만이 아니라 기자도 포함된다. 기업이 돈과 선물을 주면서 기사를 요구하면 김영란법에 위반된다.

외국 기업이 제품 발표회를 개최할 때는 단순히 기자를 초대하는 것이 아니라 항공권, 숙박, 식사까지 기업이 부담한다. 직접 현금을 주지 않을 뿐, 금전적 이익을 제공하는 것이다. 기사를 부탁하는 목적으로 기자에게 제공하는 것이니 이는 부정청탁이 돼버린다. 그래서 외국 기업은 전 세계 다른 나라 기자들에게는 제품 발표회에 참석해달라고 초청장을 보낼 수 있지만 한국 기자들에게는 초청장을 보낼 수 없다. 한국 기자에게 발표회에 참석해달라고 초청장을 보내는 순간 김영란법에 위반된다.

전 세계 기자들이 초청을 받는데 한국 기자들만 김영란법 때문에 초청받지 못한다면 이는 큰 문제다. 그래서 국민권익위원회에서는 외국 기업이 신제품 발표 혹은 홍보 행사를 위해 국내 기자들을 초청할 때, 세계 각국 기자들에게 제공되는 수준의 항공권, 숙박, 음식물을 제공하는 것은 청탁금지법에 저촉되지 않는다는 견해를 밝혔다.

그러면 이제 한국 기자들은 해외 기업 제품 발표회에 아무 문제없이 초청받을 수 있을까? 그렇지 않다. 국민권익위원회는 다음과 같은 경우에만 한국 기자 초청이 인정받을 수 있다는 견해를 밝혔다.

외국기업 초청 직무 관련 공식적 행사 금품등 제공 허용 범위

□ 직무 관련 공식적인 행사에서 참석 대상자 범위
- ○ 특정 집단으로 대상을 한정함이 없이 행사 관련 내용을 공개적인 방법 등으로 초청하는 경우 가능
- ○ 행사의 성격·목적에 비추어 참석대상을 해당 분야 전문 기자로 한정할 만한 사정이 있는 경우 등 합리적인 기준에 따라 참석자를 구성하면 가능
- ○ 행사 여건상 기자단 전체 참석이 어려운 경우, 기자단 중 순번제로 참석하여 동등하게 기회가 부여되거나, 합리적 기준으로 대표자를 선정하여 취재하는 경우도 가능

위 조건을 충족한 경우에만 외국 기업이 한국 기자들을 초청할

수 있다. 여기서 중요한 부분은 '특정 집단으로 대상을 한정하지 않아야' 한다는 점이다. 이 어구의 뜻은 특정 기자들에게만 초청장을 보내면 안 되고 모든 기자들에게 다 초청장을 보내야 한다는 것이다. 기자들은 초청장을 받은 후에 갈 수도 있고 가지 않을 수도 있다. 어쨌든 모든 기자들을 차별하지 않고 초청장을 보내야 한다. 특정 분야 제품처럼 기자의 전문성이 인정되는 분야라면 전문 기자들로 한정할 수는 있다. 하지만 이 경우에도 모든 언론사의 전문 기자 전부에게 초청장을 보내야 한다. 몇몇 유명 언론사의 전문 기자들에게만 초청장을 보낸다든지, 유명한 전문 기자만 부르는 것은 안 된다. 어떤 전문 기자들이든 차별하지 않고 초청장을 보내야 한다. 그럴 경우에 외국 기업이 한국 기자를 초청할 수 있다.

　해외 기업 입장에서 생각해보자. 새로운 제품이 출시되어 전 세계 기자들을 초청해 발표회를 열려고 한다. 이를 위해 항공비, 숙식비를 모두 부담해야 한다. 그러면 아무 기자에게나 무작위로 초청장을 보낼까? 자사 기업과 제품에 계속해서 관심을 가졌던 기자, 이 분야에 이름이 알려진 기자, 새로 출시되는 제품을 최대한 잘 알릴 수 있는 기자에게만 초청장을 보낸다. 이런 초청은 전 세계를 대상으로 이루어진다. 많은 국가에서 기자들이 오기 때문에 한 국가에서 몇 명만 참석 하더라도 발표회장이 꽉 찬다. 그래서 기업은 국가별로 소수 몇 명의 기자들만 초대한다. 하지만 한국 기자들을 초청할 땐 몇 명만 지목해서 초청장을 보내는 것이 인정되지 않는다. 일반 기자는 부르지 않고 전문 기자만 부르는 것은 인정하지만 전문 기자라는 타이틀을 가지고 있는 모든 언론사의 기자들에게 초청장을 보내야 한다. 다른 나라 같은 경우 1~2명에게만 초청장을 보내면 되는데 한국 기자는 몇십 명, 몇백 명에게 초청장을 보내야 한다는 뜻이다. 이렇게 되면 글로벌 행사장이 몇백 명의 한국 기자들로 꽉 찰 수 있다. 해외 기업이 절대로 바라지 않는 상황이다.

한국 기자만 수백 명 참석할 수 있도록 해야 한다는 것은 말이 안 된다. 그래서 국민권익위원회에서는 예외적으로 소수 몇 명만 초청하는 것을 인정하기로 했다. 조건은 '합리적인 기준'에 따라서 선정되어야 한다는 점이다.

여기에서 합리적인 기준이란 '가장 영향력이 큰 언론사', '이 제품에 관심을 가장 많이 가진 기자', '그동안 계속 이 분야에 대해 기사를 작성해온 기자'가 아니다. '이번 발표회에 2명을 초대하겠다.'는 공고를 띄운 후 가장 먼저 신청한 2명을 선정하는 등의 방식을 말한다. 혹은 순번제로 이번에 2명이 참석하고, 다음 발표회 때 그다음 대 기자 2명이 참석하는 식이다. 어떤 기자이든 동등하게 발표회에 참가할 기회가 보장되는 것이 국민권익위원회가 말하는 합리적인 기준이다.

하지만 해외 기업에서는 이런 식으로 한국의 기자를 초청할 수 없다. 자신의 제품을 제대로 소개해 줄 사람을 초대해야지, 아무나 선착순 혹은 순번 식으로 정하는 것은 곤란하다. 선착순 방식으로 선정된 한국 기자는 기업의 초대를 받기 어려울 수밖에 없다.

발표회에 초청받지 못한다는 것은 무엇을 의미하나. 한국 기자는 발표회에 참석한 다른 외국 기자들이 보도한 기사를 바탕으로 기사를 작성할 수밖에 없다. 한국에서 유통되는 정보가 최첨단 정보가 아닌 2차적으로 가공된 정보가 되어버리는 것이다. 신속함이 강조되는 4차 산업혁명에서 항상 다른 나라들보다 늦게, 1차 정보도 아닌 2차, 3차 가공 정보밖에 접할 수 없다는 점은 상당히 치명적이다. 정보에서 항상 뒤처지는 국가가 정보를 중시하는 4차 산업혁명에서 앞서나간다는 것은 어불성설이다. 하지만 어쩔 수 없다. 현재 한국의 규제는 그렇게 정해져 있다.

4차 산업혁명 기업들은
국가산업단지에 들어가지 못한다

산업 경쟁력에 영향을 미치는 요소 중 하나로 산업클러스터가 있다. 산업클러스터는 유사한 업종의 기업들, 기업 지원 시설, 연구소, 대학 등 연관 기관들이 한 지역에 몰려있는 것을 말한다. 이렇게 관련 기관들이 서로 모여 있으면 상호 영향을 주고받으면서 시너지 효과를 얻을 수 있다. 대표적인 경우가 실리콘 밸리이다. 신기술 개발 기업들이 한 지역에 몰려 있어서 기술, 인력, 자금 등을 서로 지원하고 또 도움을 받곤 한다. 꼭 산업클러스터라는 용어를 사용하지 않더라도 관련 기업들이 서로 모여 있으면 경쟁력은 증대된다. 집적 효과가 발생해서 상호 간에 서로 영향을 미치기 때문이다.

한국에도 산업클러스터를 육성하기 위한 정책이 있다. 바로 산업단지를 만들고 기업들을 단지에 입주시키는 정책이다. 이렇게 되면 다양한 기업들이 한 지역에 모여 시너지 효과를 끌어올릴 수 있다.

정부는 산업단지 기업들의 경쟁력을 높이기 위해 다양한 지원을 한다. 우선 산업용지를 거의 원가에 기업에게 분양한다. 기업이 토지를 구입하고 공장용지로 사용할 수 있게 개발하려면 큰 비용이 필요하다. 하지만 정부가 산업단지를 기업에 제공하는 이유는 영리 목적이 아니기 때문에 기업은 거의 원가로 토지를 제공받을 수 있다. 또한 정부는 기업이 용지를 취득할 때 부담하는 취득세, 등록세 등의 세금도 저렴하게 책정했다. 다른 곳에 독자적으로 토지를 구입하는 경우보다 훨씬 저렴하게 기업 용지를 마련할 수 있는 방법이다.

무엇보다 산업단지 내에는 기업 활동을 지원하는 기업이라는 것이 존재한다. 기업은 단독으로 모든 일 처리를 할 수 없고 협력업체의 지원과 도움을 받아야 한다. 지방에 공장을 세우는 경우 협력업체가 주변에 없어서 어려움을 겪는 경우도 있다.

4차 산업혁명을 추구하는 기업들도 혼자 외톨이로 있는 것보다 비슷한 길을 가는 다른 기업들과 함께 있으면 많은 도움을 얻을 수 있다. 직접적으로 매출이 증대하는 이익까지는 아니더라도 최소한 정보 획득, 인력 채용, 자금 지원 등과 관련한 이익을 얻을 수 있다.

하지만 4차 산업혁명과 관련된 기업들 중에는 산업단지에 입주할 수 없는 기업들이 많다. 산업단지에 입주할 수 있는 조건이 정해져있기 때문이다. 「산업집적활성화 및 공장설립에 관한 법률」에서는 다음과 같은 업종을 정해놓고 있다.

산업집적활성화 및 공장설립에 관한 법률

제2조(정의)

18. "입주기업체"란 산업단지에 입주하여 제조업, 지식산업, 정보통신산업, 자원비축시설, 그 밖에 대통령령으로 정하는 산업을 운영하려는 자 중 -- 입주계약을 체결한 기업체를 말한다.

위에서 보듯이 산업단지에는 기본적으로 제조업, 지식산업, 정보통신산업, 지원비축시설과 기업들을 지원하는 기업만 들어갈 수 있다. 「산업집적활성화 및 공장설립에 관한 법률 시행령」 제6조에서는 위 조항이 말하는 지식산업이라는 것이 어떤 것인지, 정보통신산업에는 어떤 업종이 포함되는지 등에 대해 더욱 자세히 규정되어 있다. 그런데 위 조항에서 보듯이 산업단지에 들어갈 수 있는 1차적인 기업은 2차 산업혁명에서 중요시하는 제조업, 그리고 3차 산업혁명에서 중요시하는 지식산업과 정보통신산업이다. 한국의 산업단지는 2차, 3차 산업혁명에서 중요시하는 기업들을 주요 대상으로 삼고 있다.

국가는 많은 돈을 들여 산업단지를 조성한다. 산업단지를 만들어서 기업에 비싸게 파는 것도 아니고 거의 원가로 용지를 제공한다. 정부가 산업단지를 만들어 운영하는 것은 국가의 미래를 위한 투자의 일환이다. 미래를 위해 현재의 기업들에게 지원을 하는 것이다. 그런데 모든 기업을 지원할 수는 없다. 국가에 도움이 되고 나라 발전에 도움이 되는 산업을 우선 지원해야 하고, 발전 가능성이 있는 기업을 산업단지에 입주시켜야 한다. 그러면 어떤 기업이 국가에 도움이 될까? 2차 산업혁명 시기에는 제조업이 국가에 도움이 되기 때문에 제조업이 산업단지에 들어올 수 있었다. 1990년대 이후 3차 산업혁명이 일어났을 땐 지식산업과 정보통신산업의 입주가 인정되었다. 그래서 제조업, 지식산업, 정보통신산업이 산업단지의 주종이 된 것이다.

산업은 4차 산업혁명을 향해 가고 있는데 아직도 산업 규제는 2차, 3차 산업혁명에 맞춰져 있다. 향후 4차 산업혁명에서 기대되는 사업들은 산업단지에 입주할 수 없다. 4차 산업혁명이 성숙기에 다다르면 산업단지 입주 규정도 바뀔지 모른다. 하지만 이런 식의 규제는 시대를 한참 뒤에서 따라가기만 할 뿐이지, 시대를 앞서가거나 미리 준비하지는 못한다.

4차 산업혁명에서 주요한 역할을 할 것으로 예상되는 물류 시스템 관련 기업들은 산업단지에 입주할 수 없다. 쿠팡은 한국의 물류를 크게 변화시킨 혁신적인 기업인데 산업단지에는 들어갈 수 없다. 핀테크 관련 기업들은 기본적으로 금융 산업과 연관이 있다. 금융 산업도 산업단지 내 기업들을 지원하는 목적이 아닌 한 입주 허용이 안 된다. 4차 산업혁명에서 각광을 받고 있는 공유 차량 업체 역시 제조업에 도움이 되는 화물 운송이라면 몰라도, 여객 운송 관련 업종은 허용되지 않는다.

물론 산업단지에 입주할 수 없다고 해서 사업을 하지 못하는 것은 아니다. 하지만 산업단지 입주 가능 업종이라는 것 자체가 상징적인 의미를 가진다. '국가에 도움이 되는 산업은 산업단지에 들어갈 수 있다. 하지만 사업성은 있다고 하더라도 국가에 큰 도움을 못 주는 산업은 산업단지에 들어갈 수 없다'는 것이 암묵적으로 산업단지가 지니고 있는 의미이다. 그래서 산업단지에는 여가 관련 사업, 오락 관련 사업, 국민의 소비 지출과 관련된 사업은 들어오지 못하게되어 있다. 이런 것들은 국민 개개인과는 관련이 깊지만 국가 전체의 발전에는 큰 도움이 되지 않는다고 여기기 때문이다.

결론적으로 4차 산업혁명 관련 기업들이 산업단지에 들어갈 수 있느냐의 여부는 국가가 이 분야를 어떻게 생각하고 있는가와 큰 관련이 있다. 현재 4차 산업혁명 관련 기업들이 산업단지에 들어가지 못하는 경우가 많다는 것은 아직 정부가 4차 산업혁명 기업들을 제대로 인정하지 않고 있다는 뜻이다. 한국에서 4차 산업혁명은 아직 요원해 보인다.

2장

공유경제를 가로막는 규제

차량 공유 서비스를 정지한
진짜 이유는 무엇일까?

　　　　　공유경제는 자신의 재산을 혼자 소유하고 사용하는 것이 아니라 단어 그대로 타인과 함께 사용하는 것을 말한다. 자동차를 소유하면 본인이나 가족들이 그 자동차를 매일, 하루 종일 사용하는 것이 아니다. 평일에는 출퇴근, 쇼핑할 때 몇 시간 정도 사용하고 나머지 시간에는 주차장에 세워둔다. 주말에 가족들과 놀러 갈 때 사용한다고 해도 몇 시간 더 추가될 뿐이다. 하루 24시간 중에서 20시간은 주차장에 세우는 것이 보통의 자동차 활용법이다.

　　공유경제란 자신이 사용하지 않는 물건을 필요한 사람이 이용할 수 있도록 해주는 것이다. 예를 들어 다른 장소로 이동하고자 하는 사람에게 내 자동차를 빌려준다. 그리고 그 대가로 이용료를 받는다. 자동차 소유자는 주차장에 장시간 두고 사용하지 않는 자동차를 이용해 다른 사람의 편의를 봐주고 돈까지 벌 수 있으니 손해 될 것이 없다. 자동차를 이용하는 사람은 택시를 잡기 힘든 상황에서 자동차로 이동할 수 있으니 역시 손해 보지 않는다. 이런 식으로 현재 사용하지 않는 유휴 자원을 생산성 있게 사용하자는 것이 공유경제의 기본 이념이다.

이 공유경제가 4차 산업혁명의 주요 분야 중 하나이다. 그동안 사람들은 각자 필요한 물품을 구매해서 사용해왔다. 하지만 공유경제에서는 한 제품을 여러 사람이 같이 사용한다. 이전에는 음악을 들을 때 CD 플레이어를 사서 혼자 음악을 들었다. 개인이 CD를 통해 음악을 소유한 것이다. 하지만 지금은 스트리밍 서비스로 음악을 듣는다. 음악을 소유하고 혼자 듣는 것이 아니라 스트리밍 서비스를 제공하는 회사의 서버에 있는 모든 음악을 많은 사람들이 동시에 듣는다. 이렇게 소유의 경계가 무너지는 것이 공유경제의 기본 방향이다.

공유경제의 가장 대표적인 기업은 우버, 그리고 에어비앤비airbnb다. 우버는 기본적으로 고객에게 택시 서비스를 제공해주는 회사이다. 스마트폰의 앱으로 택시를 호출한다. 택시와 승객을 스마트폰으로 연결해주는 것은 기존의 콜택시와 별 차이가 없다. 그동안 전화로 불렀던 것을 앱으로 부르는 차이 정도이다. 더 편리해진 것은 사실이지만 그렇다고 혁명이라고까지 할 것은 없다. 하지만 우버가 공유경제의 대표 주자로 인정받은 것은 단순히 택시를 앱으로 부르기 때문이 아니다. 우버는 공식적으로 인정받은 택시가 아니라 일반인들이 개인 자동차를 이용해서 사업을 할 수 있게 돕기 때문에 공유경제의 대표 기업이 되었다. 일반인들이 자동차를 집 주차장에 세워놓고 사용하지 않는 대신에 택시 서비스를 제공해서 조금이라도 수익을 얻는 것이 우버 서비스의 본질이다.

아직까지 우버 서비스는 한국에서 불법이다. 여객자동차 운수사업법에서 불법으로 규정했기 때문이다. 여객자동차 운수사업법 제81조는 다음과 같이 규정되어 있다.

여객자동차 운수사업법 제81조(자가용 자동차의 유상운송 금지)
① 사업용 자동차가 아닌 자동차를 유상(자동차 운행에 필요한 경비를 포함한다)으로 운송용으로 제공하거나 임대하여서는 아니 된다.

자동차를 운송용으로 제공할 땐 유상으로 해서는 안 된다. 즉, 사람들을 이동시켜줄 때 돈을 받으면 안 된다. 운행에 필요한 유류비만 받는 것도 안 된다. 어떤 형식으로든 자동차 서비스를 제공하면서 돈을 받으면 안 되는 것이다. 돈을 받고 사람을 태울 수 있는 것은 사업용 자동차뿐이다. 택시 등으로 등록된 자동차만이 돈을 받고 영업할 수 있다. 그런데 우버는 사업용 자동차가 아니라 일반인이 본인의 자동차를 이용해서 수익을 창출한다. 이런 경우에는 돈을 받을 수 없는데 우버 서비스는 돈을 받으니 불법이다.

그런데 이렇게 택시 운전사만 운송 요금을 받을 수 있게 한 나라가 한국뿐일까? 그렇지 않다. 많은 나라에 비슷한 규정들이 있다. 미국에만 이런 규정이 없다. 예전에는 미국도 택시 운전사만 운송 서비스를 할 수 있었지만 소송을 통해서 일반인이 본인의 자동차로 서비스를 제공하는 것이 인정되었다. 미국에서 우버 서비스가 탄생할 수 있었던 이유는 그 때문이다. 미국에서는 우버가 불법이냐, 합법이냐의 논쟁이 발생하지 않는다.

미국 이외의 다른 나라에는 규제가 대부분 존재하고 개인의 자가용으로 영업하는 것이 원칙적으로 불법이다. 그러나 한국에서 우버가 불법 기업이라 서비스를 접을 수밖에 없었던 것처럼, 다른 나라들도 우버 서비스를 접은 것은 아니다. 프랑스, 영국, 일본, 중국 등에서도 우버는 모두 불법이었지만 운행이 정지되었을까? 아니다. 지금 우버 서비스는 전 세계로 계속 퍼져나가고 있다. 이제는 우버뿐만 아니라 각 국가에서 자생적으로 비슷한 회사들이 나타날 정도로 공유자동차 서비스는 증가하고 있다. 개인 자동차로 영업을 하면 불법임에도 불구하고 다른 나라에서는 우버 서비스를 인정한다.

법 규정에 의하면 불법이지만 특별 조치나 지역 조례 등을 통해서 우버 서비스를 인정하거나, 아니면 불법이기는 하지만 법의 적용을 하지 않는 것이다. 불법 서비스면 경찰이 단속을 해야 하는데 단속을 하지 않는다. 그래서 유럽 등에서는 우버가 불법이라고 판결까지 난 뒤에도 계속해서 서비스는 제공된다. 그 이유는 분명하다. 고객 입장에서 우버 서비스가 있는 편이 그렇지 않은 편보다 훨씬 좋기 때문이다. 택시 운전사들은 우버에 대해 불만이 많다. 하지만 고객들은 좋아한다. 불법적인 면이 있다고 하더라도 일반 시민들에게 유리하고 그들이 좋아하면 정부가 인정을 한다. 그래서 우버 서비스는 확대되고 있다.

하지만 한국은 아니다. 우버 서비스가 제공되면서 택시 운전사들이 우버 서비스에 반발하여 고발을 했다. 여기까지는 다른 나라들과 별 차이가 없다. 전 세계 택시 운전사들 모두 다 우버를 싫어한다. 한국과 다른 나라와의 차이는 그다음이다. 다른 나라들은 택시 운전사들이 강력히 반발한다고 하더라도 정부가 우버 서비스를 인정한다. 겉으로는 인정하지 않더라도 단속을 하지 않음으로써 실질적으로 눈감아준다. 하지만 한국의 국토교통부와 서울시는 우버 서비스를 불법이라고 판정했다. 그리고 곧바로 검찰에 고소했다. 불법적인 우버 서비스에 자가용을 제공하는 사람들을 색출하고, 심지어 우버 서비스를 이용하는 사용자도 처벌하겠다고 했다. 전 세계, 특히 선진국에서 이렇게까지 정부가 나서서 우버 서비스를 공격한 국가는 정말 드물다.

다른 나라 정부들은 규정을 변경한다거나 예외 규정을 둔다거나, 아니면 규정을 적용하지 않는 방법으로 우버 서비스를 인정했다. 불법이기는 하지만 시민들에게 유리하고 더 편리하기 때문이다. 그들은 택시 운전사를 희생해서 시민들의 손을 들어주었다.

왜 한국에서는 우버 서비스가 정지되었을까? 불법이니까? 하지만 불법이라는 이유만으로는 설명이 잘 되지 않는다. 왜냐하면 미국을 제외한 다른 나라들에서도 모두 불법이었기 때문이다. 진짜 이유는 정부가 누구 편을 드느냐는 것이다. 택시 운전사 편인가, 시민 편인가. 정부가 시민 편을 들면 우버 서비스는 운영될 수 있다. 하지만 정부가 택시 운전사 편을 들면 우버 서비스는 금지된다.

4차 산업혁명 공유경제 부문의 대표 격이라 할 수 있는 차량공유 서비스는 한국에서 받아들여지지 않았다. 4차 산업혁명의 새로운 서비스가 나올 때 정부가 누구 편을 드는가? 사실, 4차 산업혁명의 성패를 결정짓는 것이 바로 이 부분이다. 그리고 지금 정부는 사업자 편을 들고 있다.

우버 블랙은 왜
불법이 되었나

　　공유경제의 대표기업인 우버는 2013년에 서울
에 진출했다. 2013년 6월, 시범 서비스를 실시했고, 2013년 7월 31일
부터 정식으로 서비스를 시작했다. 그런데 이때 우버가 서울에 도입
한 서비스는 정통적인 우버 서비스가 아니었다. 정통적인 우버 서비
스는 택시가 아니라 일반인들이 본인의 차량으로 택시 서비스를 제
공하는 것이다. 이 서비스를 우버 엑스 서비스라고 부른다.

　그런데 우버 엑스 서비스는 한국에서 불법이다. 앞에서 본 것처
럼 한국에서는 일반 차량으로 택시 운송을 하는 것이 금지되어 있다.
그래서 우버는 한국에서 우버 엑스 서비스를 제공하지 않았다. 그 대
신 우버 블랙 서비스를 도입했다. 우버 블랙은 일반 차량을 이용하지
않고 일반 택시도 이용하지 않는다. 그 대신 리무진 차량을 이용한
다. 렌터카 업체에서 고급 차량인 리무진을 빌려주곤 하는데 우버 블

랙이 바로 이런 렌터카 업체의 고급 차량 서비스를 연결해주는 서비스이다. 한국에서 우버가 운행될 때 벤츠, BMW 등 고급 차량이 사용되고 요금이 택시보다 훨씬 높았던 이유가 이 때문이다.

우버 블랙 서비스가 시작되자 택시 업계는 우버가 허가받지 않은 불법 업체라고 민원을 제기했다. 서울시는 2013년 9월, 우버를 여객자동차운수사업법을 위반한 혐의로 고발했다. 우버는 자신이 불법 업체가 아니라며 어디까지나 합법적인 테두리에서 사업을 하고 있다고 주장했다.

우버 블랙 서비스와 관련하여 문제가 된 규제 조항은 여객자동차운수사업법 제34조이다. 2013년 당시 규정은 아래와 같았다.

여객자동차 운수사업법 제34조(유상운송의 금지 등)
(2013. 8월 당시 규정)

② 자동차대여사업자는 자동차 임차인에게 운전자를 알선하여서는 아니 된다.

③ 자동차대여사업자는 다른 사람의 수요에 응하여 사업용자동차를 사용하여 유상으로 여객을 운송하거나 이를 알선하여서는 아니 된다.

위에서 보듯이 규제 조항에는 분명히 '사업용 자동차를 사용하여 유상으로 여객을 운송하거나 이를 알선하여서는 아니된다'라고 적혀 있다. 하지만 이 규정이 적용되는 대상은 '자동차대여사업자', 즉 렌터카 업체이다. 렌터카 업체는 고객과 사업용 자동차를 서로 알선해서는 안 된다. 하지만 우버는 분명히 자동차대여사업자가 아니다. 따라서 우버가 앱으로 알선을 해주는 것은 위법이 아니다.

자, 다시 위 조항을 자세히 살펴보자. 우버는 불법 업체일까, 아닐까? 자동차대여사업자가 렌터카를 고객에게 알선하면 그것은 위법이다. 하지만 우버는 자동차대여사업자가 아니면서 렌터카를 고객에게 알선하고 있다. 이것은 위법일까, 아닐까?

네거티브 규제 방식에서 우버 회사는 문제 될 것이 없다. 하지만 포지티브 규제 방식에서는 문제가 간단하지 않다. 명시적으로 기업이 여객을 운송하거나 알선해도 된다는 규정이 없기 때문에 불법으로 해석되는 것이다. 서울시는 우버가 자동차대여사업자가 아니기는 하지만 '실질적으로' 같은 업무를 하고 있다고 보고, 우버를 불법으로 고발했다. 하지만 검찰에서 보기에 이 사항은 분명하지 않았던 것 같다. 서울시가 고발한 것은 2013년 9월이다. 하지만 검찰이 기소를 한 것은 2014년 12월이다. 검찰은 무려 1년 넘게 기소를 하지 않고 검토만 했다.

이 문제가 완전히 해결된 것은 법 규정이 바뀌고 나서이다. 2015년 6월 22일, 아래와 같이 해당 규정이 개정되었다.

여객자동차 운수사업법 제34조(유상운송의 금지 등)
① 자동차대여사업자의 사업용 자동차를 임차한 자는 그 자동차를 유상

으로 운송에 사용하거나 다시 남에게 대여하여서는 아니 되며, **누구든지** 이를 알선(斡旋)하여서는 아니 된다.

② **누구든지** 자동차대여사업자의 사업용 자동차를 임차한 자에게 운전자를 알선하여서는 아니 된다.

③ 자동차대여사업자는 다른 사람의 수요에 응하여 사업용자동차를 사용하여 유상으로 여객을 운송하여서는 아니 되며, **누구든지** 이를 알선하여서는 아니 된다.

이전까지는 법에 자동차대여사업자가 알선해서는 안 된다고 적혀 있어서 자동차대여사업자가 아닌 우버가 합법이냐, 불법이냐의 문제가 생겼었다. 그래서 법을 '누구든지 알선하여서는 안 된다'로 개정했다. 이제 알선사업자인 우버는 분명히 불법 업체가 되었다.

4차 산업혁명이 이루어지는 과정에서는 새로운 사업들이 다양하게 등장한다. 새로운 사업을 하려는 사람은 이 사업이 한국에서 불법인지, 합법인지를 고려할 것이다. 한국의 규제 현황에서 인정되는 것인지, 인정되지 않는 것인지를 파악하고 합법이라고 인정될 경우에야 사업을 시작할 수 있다.

한국에서 우버가 불법으로 고소를 당했다는 사실이 말하고 있는 건 무엇일까? 그것은 현재 법 규정에 따라 합법이라고 판단해서 사업을 시작했다 하더라도 별 의미가 없다는 점이다. 스스로 법률 규정을 공부하고 이 사업은 합법이라고 판단해도 소용없다. 우버의 경우에도 한국에서 서비스를 시작하기 전에 법률 검토를 진행했을 것이다. '자동차대여사업자는 알선해서는 안 된다'는 규정을 보고 자동차대여사업자가 아닌 우버는 알선을 해도 될 것이라 판단했다. 하지만 우버의 판단은 소용없었고 서울시가 어떻게 판단하는지, 그리고 주무부처인 국토교통부가 어떻게 판단하는지가 중요했다. 서울시, 주무부서가 합법으로 해석하면 합법이 되는 것이고 그들이 불법으로 해석하면 불법이 된다. 최종적인 결정은 법원에서 하지만 그 사이 서울시, 국토교통부는 우버가 더 이상 사업을 하지 못하도록 수많은 방책을 강구했다. 결국 우버는 법원 판결이 나오기 전에 서비스를 접어야만 했다.

4차 산업혁명에서 주요 기업으로 성장하려면 그 사업을 얼마나 잘 해내느냐보다, 또는 고객들에게 얼마나 좋은 서비스를 제공하느냐보다 정부 규제에 어떤 식으로 대응하고 처리해 나가야 하는지가 더 중요하다. 우버 서비스 이용자들의 만족도는 높았고 재이용률도 높았다. 하지만 그런 것은 소용없다. 새로운 서비스의 성공 여부에서 중요한 것은 정부가 규제를 어떻게 해석하고 적용하느냐이다.

콜버스 사업은 어떻게
성장 동력을 잃었나

2015년 12월, 한국에서 콜버스 사업이 시작되었다. 콜버스랩CALLBUSLAB이라는 회사가 서비스를 런칭했다. 콜버스는 이용자가 스마트폰 앱에 자신의 출발지, 목적지를 입력하면 전세버스가 태워주고 내려주는 서비스이다. 밤이 되면 서울에서 택시 잡기가 어렵다. 특히 서울 강남에서는 하늘의 별 따기다. 이런 곤란을 겪는 사람들을 대상으로 콜버스 서비스가 시작되었다. 출발지와 목적지가 비슷한 사람들을 태우고 내리면서 운송 서비스를 제공했고 목적지가 비슷한 여러 명이 동시에 타는 대신, 택시보다 훨씬 저렴한 가격을 책정했다.

콜버스에 사용된 차량은 상업용 전세버스였다. 전세버스는 대부분 낮에 이동하고 밤에는 일이 없어 주차되어 있는 경우가 잦다. 이렇게 밤에 쉬고 있는 전세버스를 이용해서 손님들을 태우겠다는 것이 콜버스랩의 주요 사업 모델이었다. 사용하지 않는 물건의 틈새를 찾아내서 이용률을 높이는 것이 공유경제의 목적이다. 콜버스는 전세버스를 이용하지 않는 시간을 통해 추가적인 수익을 얻을 수 있으니 공유경제라고 할 수 있다. 우버 서비스는 사업용 자동차가 아닌 개인 자동차를 이용하려고 했기 때문에 불법으로 판정받고 서비스를 접어야 했다. 하지만 콜버스는 개인 차량을 이용하는 것이 아니라 사업용 전세버스를 이용한다. 사업용 차량을 이용하기 때문에 우버와 같은 불법 논란에 휩싸이지 않을 것으로 보였다.

하지만 서울에서 콜버스가 운영되자마자 불법 논란이 시작되었다. 전세버스에 대한 운영 규정이 이렇게 만들어져 있기 때문이다.

> **여객자동차 운수사업법 시행령**
>
> 제3조(여객자동차운송사업의 종류)
>
> 전세버스운송사업: 운행계통을 정하지 아니하고 (생략) 자동차를 사용하여 여객을 운송하는 사업

전세버스는 운행계통(노선의 기점 · 종점 · 운행경로 · 운행거리 · 운행횟수 · 운행대수의 총칭)을 정하지 않아야 하며, 손님이 결정하는 대로 따라야 한다. 그런데 콜버스는 어디에서 출발하고 어디를 경유해 손님을 태우고 내리는지, 또 그 콜버스가 어디에 도착하는지 정해져 있다. 손님들의 요구 사항에 따라 조금씩 바꿀 수는 있어도, 콜버스

를 탈 때 그 콜버스가 어디를 경유해서 어디로 갈 것인지 미리 정해져 있다. 손님이 그 루트를 바꿀 수 없다. 서울 강남에서 출발해 동북부 수유리 방향으로 가는 콜버스에서 손님이 서북부 불광동으로 가라고 요구할 수 없다.

이것은 불법일까, 아닐까? 정부는 이 서비스를 검토했다. 시민들의 여론도 살폈다. 시민들은 콜버스 서비스에 대해 압도적으로 찬성을 표했다. 그러자 국토교통부는 콜버스 서비스를 인정하기로 했다. 그 대신 다음과 같은 새로운 규정을 만들었다.

심야 구역여객자동차 운송사업 한정면허 신청대상 운송사업자 및 심야시간대 고시

□ 심야 구역여객자동차 운송사업 한정면허 신청 대상자

  ○ (생략) 면허를 받은 시내버스, 농어촌버스, 시외버스, 일반택시, 개인 택시 운송사업자로 한다.

본래 콜버스는 전세버스를 이용한 사업이었는데 전세버스는 이용할 수 없게 됐고 그 대신 택시와 기존 버스 사업자만 심야 콜버스 사업에 참여할 수 있게 되었다. 콜버스는 밤에 주차되어 있는 전세버스를 이용하자는 발상에서 시작되었다. 놀고 있는 버스를 이용하는 것이니 공유경제 모델이다. 하지만 택시와 버스가 콜버스에 이용된다면 그것은 공유경제가 아니다. 기존의 택시, 버스와 약간 차별되는 별개의 운송 사업일 뿐이다. 이 규정이 만들어지면서 택시 면허를 가진 사업자들이 콜버스 시장에 뛰어들었다.

고객 입장에서는 전세버스든 대형 택시든 큰 문제가 아니다. 한밤에 편하게 운송 서비스를 제공받기만 하면 그만이다. 그런데 그것도 그리 쉽지 않다. 서울시는 다음과 같은 콜버스 시행안을 만들었다.

- 평일 23시 ~ 익일 04시(일요일, 공휴일 미운행)
- 출발지는 서울 강남구
- 경유지, 도착지는 서울 강남구, 서초구, 동작구, 관악구, 송파구, 강동구, 광진구, 성동구, 용산구 등 13개 구

우선, 콜버스는 사업을 온종일 할 수 없다. 밤 11시부터 새벽 4시까지만 할 수 있다. 밤 11시가 넘었을 때 서울 강남 등에서 택시를 잡는 게 힘드니 그 시간에는 콜버스를 이용해도 된다. 하지만 다른 시간대에는 택시를 타야 한다.

콜버스에 이용되는 택시는 일반 택시가 아니라 콜버스용으로 인가받은 대형택시다. 그런데 콜버스 택시는 하루에 5시간만 운행할 수 있다. 아무리 한밤중에 손님이 많다고 해도 하루에 5시간만 일을 해서는 수익성을 올리기 힘들다. 공장이라면 하루에 5시간만 돌아가는 공장이고, 편의점이라면 하루 5시간만 운영되는 편의점이다. 이 시간 안에만 운영해야 한다면 제대로 된 수익이 날 수 없다.

운행 시간을 하루 5시간으로 제한한 것도 매우 큰 규제인데, 콜버스에는 여기에 부가적인 조건이 더 붙었다. 콜버스의 출발지는 서울 강남만 인정된다는 규정이다. 서울 강남에서 택시 잡기가 힘들다고 하니 서울 강남에서만 콜버스를 운행하게 했다. 광화문, 종로, 여의도 등에서는 콜버스를 탈 수 없다.

도착지에 대한 규제도 있다. 타는 곳은 서울 강남이되 내리는 곳은 인접한 자치구여야 한다. 서울에는 25개의 자치구가 있는데 이 중에서 13개 자치구까지만 운행할 수 있다. 서울의 절반 정도만 운행할 수 있고 나머지 절반에서는 운행할 수 없다. 분당, 일산, 평촌 등 경기도 지역도 안 된다. 강남에서는 분당, 평촌 등 경기도 지역에 가려는 사람들의 수요가 높은데 이 사람들은 택시를 타거나 광역버스를 타야 한다. 콜버스가 서울 이외의 지역으로 갈 수 없기 때문이다.

정부는 콜버스를 새로운 사업 모델로 인정했다. 하지만 전세버스는 이용할 수 없고, 밤 11시에서 새벽 4시 사이에만 운행할 수 있고, 서울 강남 지역에서 승차해 주변 13개 구까지만 운행할 수 있도록 한다면 과연 이 콜버스가 활성화될 수 있을까? 콜버스 사업을 하는 회사가 수익을 내고 계속 확장할 수 있을까? 그것은 불가능하다. 운행 시간이 하루 5시간밖에 안되는데 큰 수익이 날 수 없다. 콜버스 사업이 전국적으로 실시되고 새로운 산업으로 성장하는 것 역시 불가능하다. 그렇다면 공유경제의 의미는? 콜버스에서 전세버스를 이용하지 못하고 새로운 콜버스용 택시를 만들게 한 순간부터 공유경제와는 무관해졌다. 4차 산업혁명의 일환으로 시작했지만 이제 4차 산업혁명과는 아무 관계 없는 사업이 되어버렸다. 이것이 한국 공유경제의 현실이다. 한국에서 공유경제를 이용한 4차 산업혁명은 요원하다.

한국의 에어비앤비는
왜 성장하지 않을까?

전 세계 공유경제의 대표적인 기업은 우버와 에어비앤비라고 할 수 있다. 우버는 개인 자동차를 이용한 택시 서비스라는 공유경제이고, 에어비앤비는 개인의 주택을 이용하는 숙박 서비스다. 에어비앤비는 2008년 8월부터 서비스를 시작했고, 우버는 2010년부터 시작했다. 두 기업은 서비스를 시작하자마자 폭발적으로 성장하고 또 논의의 대상이 되었다. 공유경제 개념은 이 두 기업에서 시작해 전 세계에 파급되었다고 볼 수 있다. 실제 이들이 제시한 공유경제 사업 모델은 많은 논란을 일으키면서도 택시 사업과 숙박업에 지각변동을 일으켰다.

에어비앤비는 주택을 소유한 사람이 빈 방을 다른 사람에게 빌려주는 숙박 서비스이다. 한국은 아파트, 다세대주택 등이 주된 주택 형태이지만 미국의 경우에는 단독 주택이 주류다. 단독주택은 1층으로만 이루어진 경우도 있지만 2개 이상의 층으로 구성된 경우도 있다. 이때 한 개 층은 집주인이 사용하고, 다른 층을 숙박용으로 제공한다. 집이 두 채 있는 경우에는 집 한 채에 자신이 살고 다른 집은 세를 놓는 경우가 많다. 하지만 세를 놓는 것보다 여행 손님에게 숙박용으로 제공하면 더 높은 수익을 올릴 수 있다. 이런 식으로 개인의 집을 숙박용으로 제공하는 것이 에어비앤비 서비스다. 비어있는 방을 필요로 하는 사람에게 제공한다는 측면에서 공유경제 사업이라고 부른다.

한국에서 에어비앤비 서비스는 도시민박업이라는 이름으로 시행되고 있다. 그런데 한국에서는 도시민박업이 활성화되고 있다는 말이 들리지 않는다. 그럴 수밖에 없는 것이 한국의 도시민박업은 에어비앤비 사업 모델과는 많이 다르기 때문이다. 한국에서 도시민박업과 관련된 법률은 관광진흥법이다. 관광진흥법 시행령에서는 도시민박업을 다음과 같이 규정하고 있다.

관광진흥법 시행령

제2조(관광사업의 종류)

  3. 관광객 이용시설업의 종류

    바. 외국인관광 도시민박업: (생략) 도시지역의 주민이 자신이 거주하고 있는 다음의 어느 하나에 해당하는 주택을 이용하여 외국인 관광객에게 한국의 가정문화를 체험할 수 있도록 적합한 시설을 갖추고 숙식 등을 제공하는 업

한국에는 민박 제도라는 것이 있다. 정식으로 호텔이나 모텔, 여관, 여인숙업을 하지 않더라도 개인 주택에 여행객을 받을 수 있도록 하는 제도다. 민박에 대한 규정은 이러하다.

농어촌정비법

제2조(정의)

16. "농어촌 관광휴양사업"이란 다음 각 목의 사업을 말한다.

라. 농어촌민박사업: 농어촌지역과 준농어촌지역의 주민이 거주하고 있는 (생략) 단독주택을 이용하여 농어촌 소득을 늘릴 목적으로 투숙객에게 숙박·취사시설·조식 등을 제공하는 사업

한국의 민박 제도는 일반인이 본인의 집 전체나 방을 여행자에게 제공하는 것으로, 에어비앤비보다 훨씬 더 일찍 등장한 선구적인 제도라고 할 수 있다. 하지만 한국의 민박 제도에는 커다란 제약이 있다. 한국에서 민박은 '농어촌 지역과 준농어촌지역의 주민'만 할 수 있다. 도시에 사는 주민은 민박을 할 수 없다. 쓸 일이 없는 방을 여행자에게 빌려줄 수 있는 경우는 농어촌에서만이다. 도시 지역은 안된다. 그러나 사실 대부분 여행자는 농어촌지역보다 도시로 모인다. 특히 외국인은 한국에 올 때 서울, 부산, 전주 등 도시 지역을 둘러보지, 농어촌 지역까지 가지 않는다.

그런데 에어비앤비라는 서비스가 등장했다. 호텔, 여관 같은 정

식 숙박업소가 아닌 일반 가정집 숙소가 외국에서 유행하면서 한국에도 이에 대한 수요가 발생했다. 그래서 한국의 민박업도 변화했다. 그동안 민박은 농어촌 지역에서만 인정되었는데, 이제 도시 지역에서도 민박업을 운영할 수 있게 되었다. 하지만 단서가 붙었다. 민박 주인은 외국인 손님만 받아야 한다.

> 바. 외국인관광 도시민박업
> (생략) 도시지역의 주민이 자신이 거주하고 있는 (생략) 주택을 이용하여 외국인 관광객에게 (생략) 숙식 등을 제공

사업 이름도 '외국인관광 도시민박업'이다. 내국인은 이용할 수 없다. 한국의 규제 중에는 참 이상한 것들이 많다. 외국인은 가능한데 한국인은 안 되는 것들이 그런 경우다. 보통의 규제는 한국인, 외국인 모두를 금지하거나 모두 가능하게 하는 것이 원칙이다. 한국인은 빨간 신호등에 멈춰야 하고, 외국인은 지나가도 된다는 규제는 말이 안 된다. 외국인이나 한국인 모두에게 평등하게 적용되어야 한다. 차라리 한국인은 가능하지만 외국인은 불가능하게 만드는 규제라면 이해할 수 있다. 자국인 우선 원칙이라는 것은 있을 수 있다. 그런데 도시민박업은 외국인은 이용할 수 있는데 한국인은 안 된다. 오히려 한국인을 차별하는 규제이다.

도시 민박을 한국인들이 이용하지 못하도록 하는 이유는 간단하

다. 한국인은 도시를 여행할 때 민박을 이용하지 말고 호텔, 여관에서 자라는 뜻이다. 호텔, 여관 손님이 민박집을 이용하면 호텔, 여관의 수익이 낮아지기 때문에 그들의 수익을 보장해야 한다는 것이다. 외국인 중에는 한국 민박에서 묵고 싶어 하는 사람들이 있다. 그들에게 민박을 허용하지 않으면 아예 한국에 오지 않을 수도 있으니 한국에 와서 돈을 쓰도록 하기 위해서라도 민박을 허용해야 한다. 하지만 한국인은 안 된다. 호텔, 여관에서만 자야 한다.

한국에 외국인 관광객이 굉장히 증가했다고 하지만 내국인 관광객과 비교할 수 없다. 2017년에 한국에 온 외국인 관광객은 1,334만 명이다. 내국인 관광객은 약 4천만 명이다. 관광계의 큰 손은 외국인이 아니라 내국인이다. 만약 여행업계에서 커다란 비중을 차지하는 내국인 관광객의 민박이 허용된다면 호텔, 여관 등 숙박업계가 곤란해질 것이다.

외국의 에어비앤비 사업 모델은 내국인과 외국인을 구별하지 않는다. 외국인 이용객도 있지만 내국인 이용객도 있고, 도리어 내국인 이용객이 훨씬 많다. 하지만 한국의 에어비앤비는 외국인 수요만으로 사업을 이끌어가고 있다. 한국에서 에어비앤비 모델이 활성화되고 성장하는 것은 한계가 있을 수밖에 없다.

자전거를 탈 때 헬멧을 반드시 써야 한다면?

자전거를 타려면 집에서 자전거를 끌고 나와 목적지에 도착한 다음, 자전거 주차장에 두어야 한다. 용무를 다 본 뒤 다시 자전거를 타고 집으로 가는 것, 이것이 자기 소유의 자전거를 이용할 때의 행동 패턴이다. 하지만 공유 자전거는 필요할 때마다 언제든지 자전거를 탈 수 있다. 길거리를 걷다가 공유 자전거용 보관소에 보관돼 있는 자전거를 타고 목적지로 간다. 그리고 자전거를 근처의 보관소에 두고 볼일을 본다. 볼일이 끝난 다음에는 보관소에서 또다시 자전거를 타고 다음 목적지로 이동한다. 이것이 거리에 세워져 있는 자전거를 자유롭게 이용하는 방식이다.

이런 식으로 자전거를 이용하게 만든 이유는 단순히 자전거 이용을 증가시키려는 것이 아니다. 짧은 거리는 자동차를 타지 않고 쉽게 이동할 수 있게 하여 차량 사용을 줄이고 배출가스 증가도 막기 위함이다. 자전거를 계속 타면 나이가 들어도 근력이 거의 줄지 않는다. 시민들이 건강한 삶을 유지하는 데도 큰 도움이 된다.

자전거를 모든 시민이 함께 이용한다는 취지의 공유 자전거는 프랑스에서 처음 발생한 이후 전 세계적으로 성장해나가고 있다. 중국은 공유 자전거 확대를 신산업의 주요 정책으로 삼아 장려했다. 오히려 현재의 중국은 공유 자전거가 너무 많아 골치다. 길거리에 수백, 수천 대의 자전거가 항상 세워져 있어 사회 문제가 되었다.

한국도 공유 자전거를 확대하는 중이다. 중국과 같이 대규모 공유 자전거 업체가 나타나지는 않았지만 각 지자체 차원에서 공유 자전거 이용률을 높이고자 노력하고 있다. 한국에서 자전거 도로가 완성된 후 레저용으로 자전거를 이용하는 인구가 큰 폭으로 증가했다. 도시 한가운데서 자전거를 이용하는 것은 여전히 위험하고 어렵지만, 공원이나 자전거 도로에서 자전거를 타는 사람들은 증가하고 있다. 공유 자전거는 한국에서도 계속 성장하는 중이다.

그런데 최근 자전거 이용에 대한 새로운 규제가 제정되었다.

도로교통법 제50조(특정 운전자의 준수사항)

④ 자전거의 운전자는 자전거도로 및 「도로법」에 따른 도로를 운전할 때에는 행정안전부령으로 정하는 인명보호 장구를 착용하여야 하며, 동승자에게도 이를 착용하도록 하여야 한다.

이 조항은 2018년 3월에 국회를 통과했고 2018년 9월 28일부터 시행됐다. 이 규제가 새로 만들어지게 된 이유는 분명하다. 자전거를 타다가 다치는 사람이 증가했기 때문이다. 자전거를 타다가 사고를 내거나 당하는 경우는 1년에 5천 건이 넘는다. 2016년에 5,936건, 2017년에 5,659건이다. 그리고 해마다 100명 이상이 자전거를 타다가 사망에 이른다. 2015년 자전거 사망자는 107명, 2016년은 113명, 2017년에는 126명이었다. 자전거를 타다가 넘어질 때 머리를 다치는 경우도 많다. 그래서 헬멧을 착용하는 규제가 만들어졌다. 헬멧을 쓰면 머리를 심하게 다치는 사고를 줄일 수 있다.

하지만 자전거를 탈 때 헬멧 쓰기를 의무화하는 것은 공유 자전거 활성화에는 치명적이다. 본인이 소유한 자전거를 사용하는 경우는 그나마 괜찮다. 집에서 헬멧을 쓰고 나와 자전거를 타고 사무실 등의 목적지에 도착해서 헬멧을 벗었다가 나중에 다시 착용하면 된다. 자전거와 헬멧을 같이 가지고 다니는 것이 어렵지 않다. 그러나 공유 자전거는 자전거를 타려고 처음부터 준비한 사람들만 대상으로 하는 것이 아니다. 길을 가다가 '지금 자전거를 탔으면 좋겠다'라고 생각한 사람들도 대상이 될 수 있다. 전철에서 내려 목적지까지 이동해야 하는데 걷기는 마땅치 않고 적절한 이동 수단이 없을 때 이용하라고 만든 것이 공유 자전거다. 이런 사람들이 집에서부터 헬멧을 들고 나올 리 없다. 공유 자전거 이용에 헬멧 착용을 의무화하면 헬멧을 평소에도 들고 다니는 사람을 제외하고 공유 자전거 이용자가 줄어들 것이다.

헬멧도 공유 자전거처럼 공유 헬멧을 만들면 되지 않을까? 공유 자전거와 함께 헬멧을 비치해두는 방식으로, 헬멧도 여러 사람이 같이 쓰도록 하면 되지 않을까? 그런데 자전거와 달리 헬멧은 머리에서부터 얼굴 전체까지 쓰는 것이다. 다른 사람이 탔던 자전거를 내가 타는 것은 거부감이 없지만, 다른 사람이 썼던 헬멧을 내가 쓰는 건 이야기가 다르다. 친구나 가족, 아니면 소수 몇 명만 사용하는 헬멧이라면 또 모르지만 누군지도 모르는 수많은 사람이 썼던 헬멧을 쓰는 건 위생적으로 거부감을 가질 사람이 많다. 그래도 그 헬멧을 쓰는 것밖에 방법이 없다면 어쩔 수 없이 쓸 수도 있다. 하지만 공유 자전거는 이동 수단의 유일한 선택지가 아니다. 걸어가도 되고 택시를 타는 방법도 있다. 공유 헬멧을 착용해서라도 무조건 공유 자전거를 타겠다는 사람이 많진 않을 것이다.

사실 헬멧 사용은 자전거 이용을 방해한다. 공유 자전거만이 아니라 개인 자전거 이용률도 낮춘다. 자전거 선진국인 유럽, 일본 등에서 자전거를 탈 때 헬멧을 착용하면 머리를 다칠 위험이 감소한다는 것을 알면서도 헬멧 착용을 강요하지 않는 이유는 바로 그 때문이다. 그들은 헬멧 착용으로 인한 머리 부상자 감소의 이익과 헬멧 착용 강제로 인한 자전거 이용 감소의 손실을 비교할 때, 헬멧 착용 강제의 이익이 손실보다 크게 높지 않다고 판단했다.

하지만 한국은 헬멧 착용을 강제하는 규제를 새로 만들었다. 다른 어떤 것보다 안전이 중요하다는 점을 강조한 입법이다. 물론 안전과 자전거 이용 활성화 중에 무엇이 더 중요한가는 정답이 없는 문제이다. 그 사회의 가치관과 선택의 문제이다.

한국은 안전을 더 중요하게 보았다. 그러나 그 대가는 분명히 인식해야 한다. 자전거 이용률을 높이기는 어려울 것이다. 특히 공유 자전거의 활성화는 힘들어지므로 한국에서 공유 자전거 산업이 발전할 일은 없을 것이다.

정부가 헬멧 착용을 강제하는 도로교통법 제50조를 만들 때 빠져나갈 구멍을 하나 만들긴 하였다. 법에서 어떤 행위를 의무화하는 규정을 둘 때, 그 규정을 지키지 않으면 어떤 처벌을 내릴 것인가도 함께 규정한다. 차를 탈 때 안전벨트를 매야 한다는 규정을 만들면, 안전벨트를 매지 않은 경우 과태료를 부과할 수 있다는 규정이 만들어지는 것이 그 예시다. 그래야 그 규정을 지키지 않은 사람을 처벌하고 규범을 강제할 수 있다.

그런데 정부는 자전거를 탈 때 헬멧을 써야 한다는 규정을 만들면서 이에 대한 처벌 규정은 정하지 않았다. 보통 이런 경우에는 십만 원 이하의 과태료를 부과할 수 있다는 등의 과태료 규정을 만드는데, 이번에는 그런 규정이 만들어지지 않았다. 즉, 자전거를 탈 때 헬멧은 착용해야 하지만 착용하지 않는다고 해서 경찰이 단속하거나 과태료를 물지 않는다는 뜻이다. 이렇게 처벌 규정이 없으면 개인 수준에서는 헬멧 없이 자전거를 이용하는 데 별 문제가 없을 수 있다. 경찰에게 단속을 받지 않고 단지 법을 어겼다는 비난의 시선을 주변 사람들로부터 받을 뿐이다.

하지만 지금 한국에서 공유 자전거를 주요 사업으로 하고자 하는 지자체는 경우가 다르다. 공유 자전거를 사업화하려는 사람들도 마찬가지다. 사업자나 지자체는 이런 규정을 어길 수 없기 때문이다. 법령을 어기게 되면 법령 준수 의무 위반으로 징계를 받는다. 공유 자전거 활성화는 한국에서 불가능해졌다. 그것이 헬멧 착용 의무화 규제의 효과이다.

카풀 스타트업 기업은 왜
구조조정을 해야 했나

2018년 6월, 한국에서 가장 커다란 카풀 기업 풀러스POOLUS가 구조조정에 들어갔다. 풀러스는 한 자동차로 승차를 공유하는 스타트업 기업이다. 주로 출퇴근 시간에 사람들을 태우고 이동해 요금을 받는다. 택시처럼 한 명만 태우는 것이 아니라 같은 지역 사람들을 여러 명 태운다. 그래서 택시 요금보다 훨씬 저렴하게 이용할 수 있다.

풀러스는 2016년 5월에 경기도 분당, 판교 지역에서 서비스를 시작했다. 분당, 판교에서 서울로 출퇴근하는 사람들이 주요 대상이었다. 사용자들의 반응이 좋자 2017년 5월에는 전국적으로 서비스를 개시했다. 투자자들도 긍정적이었다. 네이버, 미래에셋 등에서 220억 원의 투자금을 모으는 데 성공하기도 했다. 회원수가 75만 명이 넘었고, 이용 건수도 370만 건이 넘었다. 만들어진 지 2년밖에 안 된 회사로서는 굉장히 괄목할 만한 성장이었다. 특히 이 서비스는 하나의 차량을 여러 명이 동시에 이용한다는 공유경제의 개념에 적합하며 4차 산업 혁명에서 중시되는 공유경제의 대표적인 성공사례로 언급되었다.

그런데 그렇게 잘 유지되던 승차 공유업체 풀러스가 2018년 6월 구조조정에 들어갔다. 대표가 사퇴하고 50명에 달하던 직원 중에 30명 정도를 내보내기로 했다. 직원의 반 이상이 퇴사 조치 된 것이다.

구조조정을 한 이유 중 하나는 풀러스의 재정 상태가 적자였기 때문이다. 풀러스는 2017년에 100억 원이 넘는 적자를 냈다. 하지만 풀러스는 생긴 지 2년밖에 안 된 신생 기업이다. 전국적으로 사업을 하는 회사가 2년 만에 흑자를 기록하는 것은 무리다. 스타트업 기업 중에서 서비스를 시작한 지 1~2년 만에 흑자를 내는 경우는 상당히 드물다. 페이스북 같은 경우에도 서비스를 시작하고 적자에서 벗어나는 데에만 6년이라는 시간이 걸렸다.

그런데 풀러스는 구조조정을 하면서 사업 모델을 재검토하기로 했다. 승차 공유라는 사업 모델 자체에 문제가 있다는 뜻이다. 승차 공유는 전 세계적으로 유행하는 사업 아이템이다. 하지만 한국에서는 문제가 된다. 바로 규제 때문이다. 전 세계에서 유행한다고 하지만 한국에서 풀러스는 불법 업체였다.

문제가 되는 규제 조항은 여객자동차 운수사업법이다. 여객자동차 운수사업법 제81조의 관련 규정은 이렇다.

사업용 자동차가 아닌 자동차를 운행하면서 이익을 얻으면 안 된다. 우버가 한국에서 문제 된 이유와 같은 경우다. 그런데 이 조항에는 예외가 있다. 승용자동차를 출퇴근 때 함께 타는 경우는 괜찮다. 이 조항은 1994년에 새로 생겼다. 당시 에너지 절약 등을 위해 출퇴근 때 타인과 카풀 하는 것이 장려되었다. 그런데 카풀을 하다 보니 문제점이 발견됐다. 중간에 합승하는 사람은 항상 다른 사람의 차를 얻어 타기만 하는데, 그건 운전자에게 매우 미안한 일로 여겨졌다. 유류비나 수고비 등을 운전자에게 주어야 하는데 돈을 건네면 불법이라서 줄 수 없었다. 그래서 '출퇴근 때 승용자동차를 함께 타는 경우에는 돈을 주어도 된다'는 규정이 새로 생겼다.

풀러스는 출퇴근 시간에만 서비스를 제공했고 2017년 11월, 출퇴근 시간을 사전에 선택하는 서비스를 도입했다. 이용자가 지정하는 시간에 차량을 이용할 수 있는 제도이다. 그러면서 오전 7~8시 무렵, 저녁 6~8시 무렵 외의 다른 시간에도 풀러스 서비스를 이용할 수 있게 했다.

여기서 문제가 생긴다. 법에는 분명히 '출퇴근 때'만 비용을 지불하고 승용자동차를 이용할 수 있게 했다. 그런데 풀러스는 오전 9시 이전 잠깐, 저녁 6시 이후 잠깐이라는 출퇴근 시간 이외에도 차량 서비스를 제공하겠다고 한 것이다. 서울시는 경찰에게 조사를 요구했다. 전국 택시 노조도 카풀 업체에 대해 규탄 성명을 발표했다.

풀러스가 사업 시간을 연장한 이유는 오전과 저녁 몇 시간 동안만 서비스를 제공하면 수익을 내기 어렵기 때문이었다. 하루에 5시간 정도의 영업만으로는 회사를 유지하기 힘들다. 더 오랜 시간을 운행해야 한다.

출퇴근 시간이라는 것도 모호했다. 직장에 따라 출퇴근 시간은 모두 다를 수 있다. 법은 출퇴근 때 이용하라고 말하지, 오전 9시 이전과 저녁 6시 이후 몇 시간만 이용하라고 말하지 않았다.

하지만 서울시의 의견은 달랐다. 서울시는 법이 '출퇴근 때'라고 모호하게 규정되어 있는 것을 핑계 삼아 풀러스가 영업을 하루 종일 한다고 보았다. 출퇴근 시간 외에 자가용이 돈을 받고 운행하는 것은 불법이다. 국토교통부도 이 점을 인정하지 않았다.

한국의 대표적인 카풀 스타트업에는 풀러스 외에도 럭시LUXI가 있다. 럭시는 2018년 초에 카카오Kakao가 인수했다. 카카오는 카풀 스타트업의 확장 가능성을 긍정적으로 보았다. 차량공유는 공유경제의 대표적인 서비스 중 하나다. 비록 우버는 한국에서 퇴출 당하였지만, 차량공유가 가능성 높은 사업 아이템이라는 것은 전 세계적으로 인정받고 있다.

하지만 결국 한국에서 카풀 스타트업과 카 셰어링 산업은 고전을 면치 못했다. 풀러스의 구조조정은 단순히 비용을 줄이자는 차원의 구조조정이 아니라 사업 모델을 전면적으로 검토하는 구조조정이다. 카풀, 카 셰어링이라는 사업 자체에 의문이 생긴 것이다. 럭시는 카카오에 인수된 이후 구체적으로 진행하고 있는 사업이 없다. 출퇴근 시간을 제외한 카 셰어링 규제를 둘러싼 정부와 택시 업체 간의 갈등도 해결되지 않았다.

우버가 한국에서 사업을 접은 것도 바로 이 여객자동차운수사업법 제81조 때문이었다. 풀러시와 럭시 등 카풀 스타트업 회사들은 제81조의 예외 조항인 '출퇴근 때는 유상으로 이용할 수 있다'는 것을 이용해서 사업을 진행하려 했다. 하지만 이제 그것도 불가능하다.

그러면 소비자 입장에서는 어떤 것이 유리할까? 카풀 업체를 이용하면 가격이 저렴하다. 택시를 타면 혼자 비용을 지불해야 하지만 카풀 업체는 여러 명이 동시에 이용하니 그만큼 승객의 요금 부담이 줄어든다. 대신에 다른 사람들을 도중에 내려줘야 하니까 택시보다 이동 시간이 더 걸릴 수는 있다. 불편을 좀 감수하더라도 저렴한 요금을 원하는 사람은 카풀 서비스를 이용하면 된다. 사람들은 대부분 저렴한 요금을 원하기 때문에 카풀 서비스는 충분히 사업적으로 성장할 수 있다.

하지만 한국에서는 일반적인 출퇴근 시간에만 카풀 이용이 가능하다. 오전 9시 이전 몇 시간과 오후 6시 이후 몇 시간만 카풀을 운행할 수 있다. 그 외의 시간에는 택시를 타고 요금을 지불해야 한다. 법이 그것을 규정하고 있고 정부는 규제 조항에 맞게 충실하게 일한다.

한국이 이 규제를 넘어서면 카풀, 차량공유 서비스가 발전할 수 있다. 하지만 이 규제가 변하지 않으면 카풀, 카 셰어링 서비스는 생길 수 없다. 외국에서 카 셰어링 서비스가 성장한다는 이야기는 어디까지나 외국의 이야기이다. 한국에서 카 셰어링 공유경제는 없다.

3장

빅데이터 발전을 가로막는 규제

한국의 빅데이터는
빅 데이터가 되기 어렵다

빅데이터는 사람들의 인지 능력을 훨씬 뛰어 넘는 문제 해결 능력을 보여준다. 그동안 사람들이 해결하지 못했던 문제들을 효율적으로 해결해준다. 특히 빅데이터가 인공지능과 결합할 때 인간의 능력을 벗어나는 문제해결 능력이 빛난다.

이런 효과를 극적으로 보여준 것은 2016년 알파고와 이세돌 간의 바둑 대결에서였다. 알파고가 프로 바둑기사보다 훨씬 더 논리적으로 바둑 두는 법을 배우진 않았다. 천재적인 수를 따로 배운 것도 아니다. 단지 다른 사람들이 두었던 기보를 수없이 많이 보았을 뿐이다. 프로 바둑기사는 하루에 많아야 1~2개의 기보를 보고 연구할 수 있다. 하지만 알파고는 하루에 약 3만 개의 기보를 보았다고 한다. 알파고가 세계 최고수 이세돌을 이길 수 있었던 이유는 이렇게 수많은 기보를 보고 익혔기 때문이다.

그런데 빅데이터가 4차 산업혁명에서 각광을 받는 이유는 단지 자료의 양 때문이 아니다. 빅데이터를 사전적으로 정의하면 '데이터가 많다'는 뜻이다. 그런데 자료는 이전에도 수없이 많이 있었다. 한국전력은 전국 모든 가구의 전력 소비량 정보를 보유하고 있다. 이는 천만 건이 넘는 데이터다. SK텔레콤은 2천만 명 이상의 통신 정보를 보유하고 KT도 천만 건 이상의 통화 정보를 가지고 있다. 네이버, 다음도 몇천만 명의 회원 정보를 보유했다.

방대한 양의 데이터는 이전에도 존재했다. 수천만 명 정보로는 빅데이터로 보기 어렵고 수억 명은 되어야 빅데이터로 인정된다고 해도 마찬가지이다. 미국의 통신회사 AT&T는 수억 명의 통신 정보를 가지고 있다. 아마존도 이미 억대의 회원수를 가지고 있었다. 하지만 과거에 아무리 데이터가 많이 있었다고 해도 이것을 빅데이터라고 하지 않는다. 4차 산업혁명의 빅데이터가 되기 위해서는 단순히 자료가 많다는 것 외에 다른 조건들이 더 필요하다. 빅데이터가 되기 위한 조건 중 하나는 바로 정보 융합이다.

인터넷 쇼핑몰은 고객들의 쇼핑에 대한 정보를 보유하고 있다. 언제 어떤 상품을 얼마만큼 구입했는가 하는 정보이다. 인터넷 쇼핑몰은 이러한 정보를 활용해 할인 쿠폰을 주는 등의 마케팅 활동을 한다. 그런데 인터넷 쇼핑몰은 회원들이 다른 사이트에서 어떤 제품을 구매하고 어떻게 소비 활동을 하는지 알 수 없다. 고객은 인터넷 쇼핑몰에서만 구매행위를 하는 것이 아니라 백화점에도 가고 할인

점에도 간다. 편의점과 이케아같은 전문점에도 간다. 하지만 인터넷 쇼핑몰을 포함한 각각의 사업자들은 고객이 자기 업장에 와서 무엇을 구매했는지만 알 수 있다.

빅데이터에서는 각각의 정보들을 모두 합칠 수 있다. 그동안 인터넷 쇼핑몰, 백화점, 편의점, 할인점, 전문점 등의 정보가 각각 개별적으로 존재했다면 빅데이터에서는 이 정보들이 모두 융합된다. 그러면 특정 고객이 인터넷 쇼핑몰에서 언제 무엇을 구매했고, 백화점에서 무엇을 어느 정도 구매했고, 편의점에서는 무엇을 샀고, 할인점에서는 어떤 것을 샀는지 모두 파악할 수 있다. 이렇게 되면 마케팅 방법이 완전히 달라진다. 고객이 정말로 원하는 것이 무엇인지 파악할 수 있고 고객에게 가장 맞는 쇼핑 방법을 제시할 수도 있다.

또한 게임 이용 정보 등을 융합해서 고객이 쇼핑을 하지 않을 때 무엇을 하며 시간을 보내는지도 파악할 수 있다. 단순히 쇼핑을 더 유도하는 마케팅을 넘어서서, 게임 시간을 감소시키는 방식으로 마케팅 활동이 이루어질 수 있다. 빅데이터는 많은 자료들로 더 나은 연구 활동을 하고 지식을 늘리기 위해 존재하는 것이 아니다. 그런 걸 두고 4차 산업혁명이라고 하지는 않는다. 실제 산업에서 판매 활동과 마케팅, 그리고 소비자 만족에 크게 기여할 수 있기 때문에 4차 산업혁명이라고 말한다.

즉 빅데이터가 되기 위한 중요한 조건 중 하나는 개인정보들이 서로 융합해야 한다는 것이다. 쇼핑 자료를 융합하려면 인터넷 쇼핑몰, 백화점, 할인점, 전문점, 편의점 등의 정보가 한군데로 모여야 한다. 이 말은 곧 기업들이 서로 정보를 제공하거나 공유할 수 있어야 한다는 뜻이다. 하지만 한국에서는 그것이 불가능하다. 개인정보보호법 제17조는 다음과 같이 규정한다.

> 제17조(개인정보의 제공) ① 개인정보처리자는 다음 각 호의 어느 하나에 해당되는 경우에는 정보주체의 개인정보를 제3자에게 제공할 수 있다.
> 1. 정보주체의 동의를 받은 경우

한국에서는 인터넷 쇼핑몰이 백화점에 고객 정보를 임의로 넘길 수 없다. 백화점도 인터넷 쇼핑몰 고객 정보를 받을 수 없다. 고객의 명시적인 동의가 없는 상태에서 다른 기업과 정보를 나누어 갖는 것은 위법이다. 단, 소비자에게 개인 정보를 다른 기업과 공유하겠다는 동의를 받으면 가능하다. 이런 경우 어떤 목적으로, 누구에게, 왜 정보를 넘기려고 하는지 설명한 다음에 동의를 받아야 한다. 단순히 '제3자 자료 제공에 동의하십니까?'라고 물어보는 식은 안 된다. 만약 소비자가 회원 가입할 때 동의를 받는다면 시간이 지난 뒤에 동의받는 것보다 쉬울 것이다. 하지만 기업 입장에서는 회원 정보 공유하는 기업이 뒤늦게 정해질수도 있다. 그런데 다른 기업과 자료를 공유하겠다는 결정을 내린 이후 수십만 명, 수백만 명에게 뒤늦게 동의를 받는 것은 거의 불가능하다. 꼭 해야 한다면 할 수도 있겠지만 빅데이터로 인한 이익보다 손해가 더 클 것이다. 그렇게 되면 빅데이터를 만드는 이유가 사라진다.

미국, 일본 등에서는 소비자 자료를 공유하며 빅데이터로 사용하는 것이 가능하다. 하지만 한국은 회사가 자체적으로 보유한 정보만 이용할 수 있다. 이렇게 자기 회사가 가진 정보만 분석을 하면 아무리 그 자료의 수가 많다고 하더라도 진정한 의미의 빅데이터는 아니라고 할 수 있다.

개인정보보호 규제와 딥 러닝을
같이 할 수 있는가

인공지능 분야에 ILSVRC^{Imagenet Large Scale}

Visual Recognition Challenge라는 프로그램 경기가 있다. 이 경기는 한 이미지를 제시하고 그것이 트럭인지 상자인지, 개인지 고양이인지 등을 인공지능 프로그램이 맞히는 방식으로 진행된다. 인공지능의 오답률로 우승자를 가린다. 사람들은 동물의 이미지를 보고 이것이 고양이인지, 개인지, 호랑이인지 쉽게 구별할 수 있지만 컴퓨터 프로그램은 그렇지 않았다. 그래서 인공지능 프로그램이 이미지를 얼마나 잘 구별하느냐로 그 인공지능의 성능을 구분했다.

인공지능 프로그램 개발자들은 계속해서 사물의 특징을 구분하는 기준을 알아내서 프로그램에 추가하는 방식으로 성능을 발전시켰다. 예를 들어 고양이를 구분한다면 '고양이는 귀가 개보다 뾰족하다', '고양이 눈은 동그랗다', '고양이 털은 더 부드럽다' 식으로 기준들을 더 세밀하게 만드는 방식이다. 그럼에도 컴퓨터가 고양이 이미지를 구분하기란 쉽지 않았다. 2010년에 우승한 프로그램의 경우 정답률이 72%였고, 2011년 우승팀은 74%였다. 보통 1년에 1~2%씩 정답률이 상승했다. 그것이 인공지능 프로그램의 수준이었다.

2012년 우승자는 토론토 대학의 Supervision팀이었다. 그런데 이팀의 우승은 인공지능 분야에서 상당할 정도의 놀라움을 불러일으켰다. 2012년에는 우승팀의 성공률이 75% 정도일 것으로 예측되었다. 그런데 Supervision팀의 성공률은 84%였다. 무려 10%가 상승한 것이다. 10년 동안 노력해야 가능한 수준을 단지 1년 만에 끌어올렸다.

이 팀의 비법은 인공지능의 패러다임을 바꾼 것이었다. 이전에는 사람들이 계속해서 판단 기준을 컴퓨터에 제공했다. '귀가 뾰족하다', '눈이 동그랗다', '주둥이의 모양이 어떠하다'는 식의 정보로 고양이 이미지 여부를 판단하게 했다. 하지만 Supervision팀은 그런 식으로 프로그램을 만들지 않았다. 고양이, 개 등의 사진만 보여주고 컴퓨터가 알아서 판단하게 한 뒤, 사람은 그 결과가 맞았는지 틀렸는지의 정보만 제공했다. 컴퓨터는 수많은 고양이와 개 사진을 보고 판단을 내렸다. 이런 방식을 통해 성공률이 1년에 10%나 증가했다. 이것은 인공지능의 혁명이었다. 이후로 이 프로그램 방식을 딥 러닝이라고 부른다.

지금의 인공지능은 딥 러닝 기법이 기본이다. 사람들은 수많은 정보를 인공지능에 던져준다. 그러면 컴퓨터가 스스로 학습을 하고 판단 기준을 자체적으로 세운다. 컴퓨터에 어떤 정보가 필요하고 어떻게 판단 내려야 하는지를 사람이 지정해주지 않는다. 알파고와 이세돌의 바둑 대결에서도 알파고는 딥 러닝 방식으로 바둑을 배웠다. 수많은 기보를 보고 바둑 두는 방법을 스스로 개발했다. 사람이 바둑 두는 방법을 가르친 것이 아니다.

그런데 인간의 시각으로 봤을 때 딥 러닝에는 문제가 있다. 알파고가 바둑돌을 내려놓을 때 왜 그렇게 두었는지 사람이 판단할 수 없다는 점이다. 바둑 두는 방식을 가르쳤다면 알파고가 어떤 이유로 그 돌을 두었는지 판단할 수 있을 것이다. 하지만 알파고가 어떤 사고방식으로, 무슨 이유로, 어떤 결과를 예상하고 그렇게 두었는지 인간이 알아낼 방법이 없다. 단지 알파고가 그런 결정을 했다는 것만을 알 수 있을 뿐이다.

이전의 데이터와 4차 산업혁명에서의 빅데이터 차이 중 하나가 바로 이 점에 있다. 과거에도 빅데이터만큼 많은 자료들이 있었다. 하지만 그 자료를 분석하는 방식은 딥 러닝 이전의 방식이었다. 어떤 것을 판단하기 위해 먼저 그 원인이 무엇인지를 파악한 것이다. '원인→결과'의 이론을 세운 뒤, 결과를 예측하기 위해 그 원인에 해당하는 자료를 구해서 분석했다.

예를 들어 사람들이 게임기를 구입하는 이유로 '소득이 증가하면 게임기를 산다', '게임을 하는 친구가 많으면 게임기를 산다', '남자 어린애가 집에 있으면 게임기를 산다' 등의 원인을 파악하고 있었다면, 어떤 이의 소득과 친구 관계, 자녀의 여부 등 자료를 수집해 분석하고 그 사람의 게임기 구매 여부를 예측할 수 있었다. 이것이 이전의 데이터 수집과 분석 방법이다.

빅데이터 인공지능 분석 방법은 우선 게임기를 사는 사람, 사지 않는 사람에 대해 최대한 많은 양의 정보를 컴퓨터에 입력하는 것이다. 그러면 컴퓨터가 자동으로 어떤 부류의 사람들이 게임기를 구매하고 구매하지 않는지를 판단한다. 컴퓨터가 어떤 정보를 기준으로 판단하는지 사람은 알 수 없다. 머리카락이 굵은 사람이 게임기를 산다는 식으로 전혀 엉뚱한 기준이 있을 수도 있다. 우리가 할 수 있는 방법은 최대한 많은 정보를 입력하는 것이다. 어떤 판단 기준을 사용할지는 컴퓨터에 맡긴다.

그런데 지금 한국의 개인정보보호법에서는 이렇게 많은 양의 데이터를 컴퓨터에 입력하는 것이 불가능하다. 개인정보보호법은 다음과 같이 규정하고 있다.

제16조(개인정보의 수집 제한) ① 개인정보처리자는 (생략) 개인정보를 수집하는 경우에는 그 목적에 필요한 최소한의 개인정보를 수집하여야 한다.

제18조(개인정보의 목적 외 이용·제공 제한) ① 개인정보처리자는 개인정보를 (원래 동의를 받은 목적의) 범위를 초과하여 이용하거나 (원래 동의를 받은) 범위를 초과하여 제3자에게 제공하여서는 아니 된다.

개인정보 분석 방식에는 옵트인Opt-in과 옵트아웃Opt-out 방식이 있다. 옵트인은 사전에 동의를 받은 사항에 대해서만 자료를 이용할 수 있다. 옵트아웃 방식은 각 개인이 명시적으로 거부 의사를 밝힌 자료만 제외하고 다른 자료는 모두 이용 가능하다.

위 조항은 기본적으로 개인정보를 옵트인으로만 사용할 수 있다는 것을 규정해놓은 것이다. 개인정보는 미리 동의를 받은 사항만 이용할 수 있고 그 외의 다른 용도로 사용하는 것은 불법이다.

개인정보보호를 위한다면 옵트인 방식이 당연하지만 문제는 딥 러닝이 불가능해진다는 점이다. 옵트인 방식은 어떤 자료가 어떤 분석에 필요한지 사전에 알고 있다는 전제하에서만 사용 가능하다. 그러려면 그에 맞는 자료를 찾아서 수집하고 개개인의 동의를 받아야 한다. 그러나 딥 러닝 방식에서는 어떤 자료가 필요하고 어떻게 이용되는지 사전에 알 수 없다. 그냥 최대한 많은 양의 자료를 입력해야만 한다.

딥 러닝이 나오기 전에는 옵트인 방식으로 자료를 수집하는 것이 당연한 일이었다. 하지만 딥 러닝 이후로 자료의 양에 한계가 생기는 옵트인 방식으로는 딥 러닝 분석을 하기가 거의 불가능해졌다.

미국에서 빅데이터 분석이 용이한 이유는 옵트아웃 방식을 적용하기 때문이다. 수집한 자료를 거의 제한 없이 이용할 수 있다. 하지만 한국은 안 된다. 사전에 동의를 받은 목적의 한도 내에서만 이용 가능하다. 이런 식으로는 빅데이터 분석이 쉽지 않다. 한국의 개인정보보호 규제는 딥 러닝을 이용한 빅데이터 분석과 서로 맞지 않는다.

개인정보 비식별화 조치
가이드라인은 무엇인가

한국에서 개인정보는 처음에 수집한 목적으로만 사용해야 하고 다른 목적으로는 사용할 수 없다. 통계 처리도 동의를 받은 목적으로만 가능하고, 그 이외의 통계를 위한 분석은 할수 없다. 타 업체에 정보를 제공할 수 없어 다른 정보와의 융합도 불가능하다. 개인정보를 엄격히 보호하려는 조치이다. 하지만 이래서는 4차 산업혁명에서 각광을 받는 빅데이터 개발이 불가능하다.

그래서·정부는 개인정보의 빅데이터 활용이 가능하도록 문을 열어주었다. 2016년 6월 30일, 정부는 '개인정보 비식별화조치 가이드라인'을 발표했다. 개인정보를 비식별화 조치할 때 빅데이터에 활용하는 것을 허락하겠다는 가이드라인이다. 현재 기업은 자신이 가진 정보 대상자가 누구인지 파악할 수 있다. 정부의 발표는 이 정보에서 개인을 식별할 수 있는 정보를 다 제거하고 변경하면 빅데이터에 이용할 수 있도록 하겠다는 말이었다. 정부도 지금 한국의 개인정보보호 시스템으로는 빅데이터 발전이 불가능하다는 것을 알고, 빅데이터가 더욱 활성화될 수 있는 방법을 찾은 것이다. 개인정보 비식별화 조치 가이드라인은 아래와 같은 방식의 변경을 요구한다.

홍길동, 35세, 서울 거주, 한국대 재학

비식별화 조치

⇩

연홍부(가명), 30대, 서울 거주, 세계대 재학(가명)

또는 홍○○, 35세, 서울 거주, ○○대 재학

이름과 나이, 재학 중인 대학교는 개인 식별 정보다. 그러니 이름, 학교는 다른 가명을 사용해서 바꾸면 된다. 나이는 '35세' 식으로 표시하면 안 되고 '30대'로 표시한다. 혹은 이름, 대학 이름 등을 모두 무명 처리한다. 그러면 동의를 받지 않은 사항에 대해 정보를 이용할 수 있고, 다른 업체에도 제공 할 수 있다.

홍길동: 180*cm*, 연홍부: 170*cm*, 심청: 160*cm*, 이콩쥐: 150*cm*

비식별화 조치

⇩

학생들의 키 합계 660*cm*, 평균 키 165cm

앞 장의 자료에서 이름과 각 개인의 키는 개인 식별 정보가 된다. 이 경우 각 개인의 키 정보를 제공하면 안 되고, 이 정보를 가공한 총 합계, 평균 키 등은 제공해도 된다.

주민등록번호: 900505-1234567

비식별화 조치
⇩

90년대생, 남자

주민등록번호는 개개인을 식별할 수 있으니 사용할 수 없고 '90 년대생, 남자'라는 식으로 바꾸면 사용할 수 있다.

홍길동, 35세

비식별화 조치
⇩

홍씨, 30~40대

이름과 나이도 개인을 식별할 수 있는 정보다. 성만 표시하고 '35 세'를 '30~40대' 식으로 범주화한 정보는 사용할 수 있다.

정부는 이런 식으로 정보를 변경해서 빅데이터에 사용하거나 다 른 기업에 제공할 수 있도록 가이드라인을 발표했다. 그런데 이렇게 바뀐 정보로 과연 빅데이터 활용이 가능할까?

A기업 정보: 홍길동, 35세, 남성 화장품 100만 원어치 구입

B기업 정보: 홍길동, 35세, 정장 옷 50만 원어치 구입

빅데이터 정보 융합
⇩

홍길동, 35세,

남성 화장품 100만 원어치 구입, 정장 옷 100만 원어치 구입

이렇게 정보를 융합하는 것이 빅데이터의 힘이다. 그런데 개인
정보 비식별화 조치에 따르면 각각의 기업은 위의 방식이 아닌 이런
식으로 정보를 변경해야 한다.

A기업 정보: 홍 씨, 30~40대, 남성 화장품 100만 원어치 구입

B기업 정보: 홍 씨, 30~40대, 정장 옷 50만 원어치 구입

이 경우, 두 명이 같은 사람이라고 판단하기 어렵고 두 정보를 합
하는 것 역시 불가능하다.

데이터 분석에서 필요한 것은 각각의 개별적인 수치다. 하지만
개인정보 비식별화 조치에서는 개별적인 수치를 제공할 수 없고 총
합과 평균값만 제공하게 되어 있다. 그런데 이것들만 제공 받아서는

빅데이터 연구가 아닌 일반 통계 분석 연구에서도 별 값어치가 없다.

이렇게 개인정보에 대해 비식별화 조치를 취했다고 하더라도 그대로 빅데이터로 활용할 수 있는 것도 아니다. 개인정보 비식별화 조치를 한 다음에는 '적정성 평가'를 해야 한다. 비식별화 조치를 제대로 했는지, 비식별화 조치를 했다고 하지만 이 정보를 가지고 분석을 하다 보면 개인을 식별할 수 있게 되지는 않을지를 검토해야 한다. 외부 전문가가 과반수 참여하는 '비식별 조치 적정성 평가단'을 구성해 회의하고, 이 정보에서 개인이 식별될 수 없다는 것을 확인해야 한다. 그다음에야 빅데이터로 활용할 수 있다.

이 단계를 밟았다고 해서 빅데이터로 마음대로 활용할 수 있는 것도 아니다. 분석 정보를 불특정 다수에게 공개해서는 안 되며 비식별화한 정보의 이용 목적이 달성되었을 때는 정보를 바로 파기해야 한다. 분석하고자 했던 첫 번째 목적을 이루었다면 바로 파기해야 하고, 다른 목적으로 또 사용하거나 보관하면 안 되는 것이다.

또한 이렇게 비식별화된 정보를 관리할 담당자를 지정해야 한다. 비식별 정보파일 대장관리 파일을 만들어야 하고, 비식별 정보가 유출될 때 어떻게 할 것인가라는 대응 계획도 세워야 한다. 비식별 정보파일에 대해 접근할 수 있는 대상을 관리해야 하고, 권한이 없는 사람의 접근을 통제해야 한다. 비식별 정보에 대한 접속 기록도 관리해야 하고, 보안 프로그램도 운영해야 한다. 이 조건을 다 만족하면 그 후에 빅데이터로 활용할 수 있다.

그러면 질문. 여러분이라면 이 모든 요구사항을 다 충족시키면서 '홍 씨, 30~40대 남자, 남성 화장품 100만 원어치 구입'이라는 정보를 만들고 이용하겠는가, 아니면 포기하겠는가? '홍길동, 35세, 남성 화장품 100만 원어치 구입'이라는 정보를 위해서라면 또 모르겠다. 이 정도 정보라면 회사에 도움이 될 수도 있다. 하지만 전자의 정보를 위해 저 많은 요구사항을 따르는 것은 아무리 생각해도 기업의 손해다. 이 가이드라인이 빅데이터 활성화를 위한 조치인지 규제 강화를 위한 조치인지 헷갈릴 정도이다.

빅데이터 활성화를 위해 개인정보 비식별화 조치 가이드라인이 만들어지기는 했지만 빅데이터 이용은 여전히 불가능하다. 앞으로도 한국에서 빅데이터는 어려울 것이다.

빅데이터를 이용한 투자업에는
어떤 것이 필요한가

최근 빅데이터가 각광을 받는 영역 중 하나는 투자 분야다. 그동안은 증권 회사나 투자 회사에서 오랫동안 일을 해온 전문가들이 자신의 경험과 통찰력을 활용해서 투자 상품을 소개했다. 그러나 투자 상품은 너무나 많다. 당장 한국의 주식 시장에서 거래되는 상장 종목만 1,275개나 있다. 한 사람의 능력으로 이 모든 종목을 파악하고 가장 수익률이 높을 것으로 예상되는 종목을 파악하는 것은 불가능하다.

대부분의 사람들이 그중에서 몇십 개 종목만 분석하고 투자 대상을 선정한다. 투자의 전문가라 할 수 있는 애널리스트들도 2~3개 산업에 해당하는 종목만 분석하고 고려할 뿐, 전체 증권시장 상품을 대상으로 분석하지 않는다.

빅데이터는 이런 한계를 극복하게 한다. 모든 주식 시장의 정보를 입력하면 그 중에서 어떤 상품의 수익률이 높게 나올지 예측할 수 있다. 물론 빅데이터가 미래 수익률을 완전히 예측하는 것은 불가능하지만, 최소한 몇십 개 종목만 집중적으로 분석하는 사람의 경우보다 더 높은 수익률을 보장할 수 있다.

빅데이터 분석을 통해 더 높은 수익률을 올릴 수 있는 투자 상품 조합을 발견했다고 가정하자. 그러면 이 사람은 한국의 투자 업계에서 성공할 수 있을까? 미국에서는 이런 높은 수익률을 올리는 방법을 발견하면 큰 성공을 거둘 수 있다. 이 사람에게 투자 자문을 받으면 더 높은 수익률을 올릴 수 있을 것이고 높은 수익률이 보장된다는 소문이 돌게 된다면 이 사람에게는 엄청난 자금이 들어올 것이다. 다른 투자 기업보다 몇십 퍼센트 높은 수익률을 올릴 필요도 없다. 다른 투자 회사의 수익률 평균보다 1%만 높은 수익률을 올릴 수 있어도 투자 업계에서 큰 성공을 거둘 수 있다. 미국 투자 업계에서 성공하기 위해 가장 필요한 것은 남들보다 더 높은 수익률을 올리는 투자 상품을 발견해 내는 능력이다.

그러면 한국은 어떨까? 빅데이터를 활용해서 더 나은 수익률을 올릴 수 있는 투자 상품 조합을 발견했다고 가정하자. 이 내용을 바탕으로 다른 사람들에게 바로 투자 자문을 해서는 안 된다. 먼저 투자자문업에 등록을 해야 한다. 투자자문업 회사를 만들고 그다음에 다른 사람들에게 투자자문을 할 수 있다. 이는 당연하다고 할 수 있다. 문제는 제대로 된 투자자문사를 만들기 위해 8억 원의 자본금이 필요하다는 점이다. 8억 원이 있어야만 사람들에게 "이 투자 상품이 좋습니다. 구매하십시오."라고 권유할 수 있다.

자본시장과 금융투자업에 관한 법률 시행령에 보면 투자자문사를 하기 위한 최저 자본금이 규정되어 있다.

금융투자업의 종류	투자대상자산의 범위	투자자의 유형	최저 자기자본
투자자문업	증권, 장내파생상품, 장외파생상품, 투자대상자산	일반투자자 및 전문투자자	8억 원

〈자본시장과 금융투자업에 관한 법률 시행령 [별표 3]〉

일반 투자자에게 주식 투자 등에 대해 자문을 하려면 8억 원의 자본금이 있어야 한다. 만약 일반 투자자에게 자문하지 않고 전문투자자들에게만 자문을 한다면 4억 원이 필요하다. 그리고 주식에 대해 말하지 않고 파생결합증권 등에 대해서만 자문을 한다면 1억 원의 자본금만 있어도 된다. 그러나 가장 대표적인 투자 상품인 주식을 이야기하지 않고 투자 자문을 한다는 것은 우스운 일이다. 전문적인 투자자문사 역할을 하기 위해서는 8억 원의 자본금이 있어야 한다. 그다음에 투자 자문을 할 수 있다.

그런데 투자의 세계에서 성공하려면 자문만으로는 곤란하다. 상대방을 대신해서 투자를 해주고, 그 수익금을 서로 나눌 수 있어야한다. 자문을 해준 다음 상대방의 투자금을 맡아서 대신 운용해주는 것이 투자회사의 본질이다. 투자를 대신 할 수 있으려면 투자일임업에 등록해야 한다. 그리고 투자일임업에 등록하기 위해 필요한 자본금 규정은 다음과 같다.

금융투자업의 종류	투자대상자산의 범위	투자자의 유형	최저 자기자본
투자일임업	증권, 장내파생상품, 장외파생상품, 투자대상자산	일반투자자 및 전문투자자	27억 원

〈자본시장과 금융투자업에 관한 법률 시행령 [별표 3]〉

주식을 포함한 주요 투자 상품들에 대해 투자 위임을 받으려면 무려 27억 원의 자본금이 있어야 한다. 자본금만 있어서도 안 된다. 투자자문업을 하기 위해서는 1명의 투자자문 인력을 고용해야 하고, 투자일임업을 하기 위해서는 2명의 인력을 고용해야 한다. 이런 사람들은 최저임금으로 고용할 수 있는 인력이 아니다. 높은 임금을 주어야 하는 고급 인력이다. 충분한 자본금이 있고 고급 인력을 몇 명씩 고용할 수 있는 자금 능력이 있는 사람만 투자자문업, 투자일임업에 손댈 수 있다. 이런 것 없이 빅데이터를 이용해서 투자 상품을 발견하는 능력만 가진 전문가들은 투자자문업, 투자일임업을 할 수 없다.

빅데이터 등을 이용해서 투자 상품을 개발해 낸 사람이 할 수 있는 일은 둘 중 하나이다. 투자자문업, 투자일임업을 하는 회사에 본인이 만든 프로그램을 팔거나 혹은 취직을 하는 것이다. 어느 경우에든 프로그램 개발자는 어느 정도 이익을 볼 수 있다. 하지만 큰 이익은 기존의 투자자문사나 투자일임사가 챙길 것이다. 그들은 투자 상품 개발 프로그램을 이용해서 더욱더 많은 이익을 창출해 낼 수 있기 때문이다.

한국에서 4차 산업혁명을 가로막는 가장 큰 장애물 중 하나는 바로 이런 규제들이다. 아무리 투자 분야에 대한 전문성이 있다 하더라도 규정된 자본 없이 사업을 할 수 없다. 투자 부문에서 오랫동안 일을 해온 사람이라 하더라도 마찬가지이다.

이런 시스템에서는 4차 산업혁명이 발달한다고 해도 결국 빈익빈 부익부가 될 뿐이다. 20억 원 이상의 자금이 있는 사람들만 투자일임업을 하고 4차 산업혁명의 도움으로 새로운 기술과 프로그램을 개발해서 더 많은 수익을 올린다. 일반인은 금융 부문의 4차 산업혁명 물결에 올라탈 수 없을 것이다. 이미 몇십 억의 돈이 있는 사람들에게만 기회가 주어진다. 물론 실패하는 사업자도 있을 것이다. 하지만 성공하는 사람은 자본이 풍부한 사람들 중에서 나온다. 일반인은 제자리 걸음만 할 뿐이다.

다른 분야도 마찬가지이다. 전문 분야마다 사업을 하려면 많은 자본금이 있어야 한다고 규정되어 있다. 일반인은 지식과 기술은 있어도 자본이 없어 사업을 하기 힘들다. 그렇다고 그동안 몸담지 않은 다른 직종에서 일하기란 쉽지 않다. 결국 회사를 그만둔 다음에 할 수 있는 일은 치킨 판매, 편의점 운영 등의 창업밖에 없다. 한 분야에서 몇십 년 회사에 다닌 전문가들이 은퇴한 다음에 자기 분야와 전혀 상관없는 다른 분야에서 창업을 하는 이유는 자기 전문 분야에서의 창업이 불가능하기 때문이다. 이런 규제 때문에 4차 산업혁명으로 새로운 사업체가 늘어나는 것은 한계가 있을 수밖에 없다.

4장

금융업 발전을 가로막는 규제

한국의 인터넷은행은
발달할 수 있을까?

산업혁명 시기에는 새로운 산업들이 발달한다. 1차 산업혁명기에는 면직업 등 증기기관을 이용한 사업들이 나타났고, 2차 산업혁명기에는 자동차, 철도, 전기 산업 등의 새로운 산업들이 나타났다. 3차 산업혁명기에는 컴퓨터, 인터넷 기업이 발달했다. 4차 산업혁명에서도 새로운 기업들이 무수히 나타나고, 또 망할 것이다.

현대 경제에서 새로운 기업이 많이 나타나기 위해 필요한 조건 중 하나는 바로 은행업의 발달이다. 2차 산업혁명 이후로 기업을 운영하기 위해서는 자본이 상당히 많이 필요해졌다. 몇십 억, 몇백 억의 자금은 아니라고 하더라도, 일상에 필요한 돈과 비교할 수 없는 많은 돈이 필요하다. 지금 한국에서 치킨집을 개점하려면 최소한 7천만 원 이상의 자본이 필요하다. 엄청나게 거대한 액수는 아니라고 하더라도 일상에서 쉽게 만지기 힘든 규모의 돈이다.

이런 사업 자금을 조성하는 데 도움을 주는 것이 은행이다. 은행은 돈이 많은 부문에서 돈이 부족하거나 필요한 부문으로 돈을 옮기는 역할을 한다. 원칙적으로 경제 주체 중에서 저축을 하는 곳은 일반 가계이다. 투자를 하는 곳은 기업이며 은행은 일반 가계가 저축한 여유자금을 은행이 투자하려는 기업에 빌려주는 역할을 한다.

그런데 대규모 은행은 안정적으로 운영되는 대기업에만 돈을 빌려주려고 하고, 신생 기업은 꺼린다. 대기업에만 빌려줘도 충분한 수익이 나는데 새로 생긴 위험한 기업에 돈을 빌려줄 이유가 없다. 가계에 돈을 빌려줄 경우에도 부동산을 담보로 빌려주면 충분히 수익을 얻을 수 있으니 부동산 담보도 없는 신생 기업에 일부러 돈을 빌려줄 필요는 없다. 이런 신생 기업과 아직 안정적이지 않은 기업에 돈을 빌려주는 곳은 주로 작은 은행들이다.

3차 산업혁명 이후에 인터넷을 활용한 기업들이 많이 발생했다. 그중 대표적인 것이 인터넷은행이다. 일반 은행은 각지에 지점을 두고 인력을 배치해야 하므로 운영비가 많이 든다. 하지만 인터넷은행은 높은 임대료를 지불해야 하는 지점을 둘 필요가 없고, 지점을 운용할 인원들을 고용할 필요도 없다. 온라인 쇼핑몰, 온라인 서점 같은 경우는 배달을 해야 할 상품, 책 등을 쌓아놓을 창고 정도는 있어야 한다. 하지만 인터넷은행은 그런 창고, 물류비도 필요 없다. 3차 산업혁명 이후 인터넷은행은 전 세계적으로 크게 발달했다. 이 인터넷은행들은 기존의 거대 은행에 비해 규모가 크지 않다. 그래서 대기업에 자금을 공급하기보다 작은 신생 기업, 4차 산업혁명으로 새로 각광받는 기업들에 자금을 공급하는 역할을 하고 있다.

하지만 이것은 어디까지나 선진 외국의 이야기다. 다른 선진 나라들에서는 1990년대 인터넷 혁명이 발생하고나서 인터넷은행들이 들어서기 시작했다. 이 은행들은 낮은 운영비를 통해 효율적으로 자금을 융통하는 역할을 하고 있다. 하지만 한국에서는 인터넷은행이 만들어지지 못했다. 한국에서 인터넷은행이 만들어진 것은 2017년이다. 그나마 만들어진 것도 2개뿐이다. 케이뱅크가 2017년 4월, 카카오뱅크가 2017년 7월에 업무를 시작했다.

사실 은행업은 그렇게 어렵지 않다. 은행은 돈이 있는 사람들에게 이자를 확실히 지불하겠다고 말하고 돈을 예금 받는다. 그렇게 예금된 돈을 필요한 사람에게 이자를 받고 빌려준다. 여기서 중요한 것은 돈을 빌려준 사람에게 원금과 이자를 확실히 받는 것이다. 돈을 분명히 갚을 수 있는 사람, 수익이 분명히 날 사업에 돈을 빌려주면 된다. 이 사람이 돈을 확실히 갚을 것인가의 여부, 기업이 지금 하고 있는 사업이 수익성이 있을 것인가의 여부, 이 두 가지 판단만 잘하면 이익이 발생한다. 만약 이 판단이 틀리면 은행은 큰 손실을 입거나 망한다. 외국에서는 이 판단에 자신 있는 사람들이 은행업을 한다.

하지만 한국에서는 이런 사업적 판단만으로 은행을 운영할 수 있는 것이 아니다. 은행법에서 은행을 운영할 수 있는 자본금을 규정하고 있기 때문이다.

은행법 제8조(은행업의 인가)

②제1항에 따른 은행업 인가를 받으려는 자는 다음 각 호의 요건을 모두 갖추어야 한다.

1. 자본금이 1천억 원 이상일 것. 다만, 지방은행의 자본금은 250억 원 이상으로 할 수 있다.

즉, 은행을 운영하기 위해서는 일단 자본금 1천억 원이 필요하다. 이것은 절대 일반인이 쉽게 구할 수 있는 돈이 아니다. 지인에게 투자금을 받거나 빌려서 구할 수 있는 돈도 아니다. 아무리 부자라고 해도 자본금 1천억 원을 마련하는 것은 어렵다. 재벌 총수급이나 가능한 돈이다.

한국에서 이 정도의 자금을 마련할 수 있는 곳은 대기업뿐이다. 하지만 한국에서는 돈이 있는 대기업이라고 하더라도 은행업에 뛰어들 수 없다. 은행법 제2조, 제16조의2는 산업 자본과 은행 자본의 분리를 규정하고 있다. 금융회사가 아닌 경우에는 은행의 주식을 보유할 수 없다는 규제는 다음과 같다.

은행법

제16조의2(비금융주력자의 주식보유제한 등) ① 비금융주력자는 (생략)

> **발행주식 총수의 100분의 4를 초과하여 은행의 주식을 보유할 수 없다.**

사업을 하고 있는 대기업은 은행에 자본을 댈 수 없다. 일반 사람들은 1천억 원이라는 자본금을 마련할 수 없는데 1천억 원을 마련할 수 있는 기업은 이미 산업 부문에 몸담고 있기 때문에 은행을 운영할 수 없다. 이 말은 결국 은행업을 하지 말라는 것과 다름없다. 한국에서는 기존 은행을 제외하고 새로 은행업을 하는 것이 불가능하다.

이 높은 자본금 때문에 인터넷은행도 만들어지지 못했다. 다른 선진국에는 모두 있는 인터넷은행이 한국에만 없으니 문제였다. 그래서 정부는 인터넷은행을 만들고자 했고, 필요한 자본금도 낮추어 주었다. 이제 인터넷은행은 자본금 250억 원으로 만들 수 있다(인터넷전문은행 설립 및 운영에 관한 특례법 4조, 2019년 1월 17일부터 시행).

하지만 250억 원의 자본금으로 운영하는 은행도 대규모 은행에 속한다. 대규모 은행은 수익이 확실하고 안전한 경우에만 기업에 돈을 빌려준다. 4차 산업혁명에서 새로 생기는 기업들에게는 불리한 조건이다.

사회에 돈이 적재적소로 배분되려면 은행이 많아야 한다. 기업에는 대기업, 중견기업, 중소기업이 있고, 각 분야별 산업이 있다. 이들 각각에 맞는 다양한 은행들이 있어야 산업에 맞는 금융 서비스가 제공될 수 있다.

하지만 한국에서는 새로운 산업에 자금을 융통하기가 쉽지 않다. 소수의 거대 규모 은행만 존재해서 대기업 위주, 안정적인 수익 위주의 영업이 이루어지고 있다. 은행이 다양할 때 자금 융통도 다양해지고 4차 산업혁명에 대한 자금 지원도 용이하게 이루어질 수 있다. 하지만 은행의 자본금 규제는 그런 다양성을 원천적으로 차단한다.

P2P 천만 원 투자 한도에서 P2P 성장은 없다

4차 산업혁명에서 각광을 받는 분야 중 하나가 핀테크Fintech다. 핀테크는 Finance(금융)와 Technology(정보 기술)의 앞글자를 따서 만든 단어이다. 즉, 금융과 정보 기술의 결합이다. 전통적인 은행, 증권, 보험 등의 금융 서비스가 새로운 기술과 접합되어 새로운 상품과 서비스들이 나오고 있다. 그중 대표적인 것이 P2P 대출·투자 서비스이다.

금융 서비스란 돈이 있어야 하는 사람과 돈을 빌려주려는 사람을 연결하는 것이다. 돈이 필요하지만 돈이 없는 사람들, 그리고 돈이 많이 있지만 지금 당장 쓸 데가 없는 사람들, 이 두 사람을 연결하는 것이 금융이다.

은행의 주 업무는 예금을 받고 관리하는 것이 아니다. 돈이 있는 사람들로부터 예금을 받고 그 돈을 다른 사람들에게 빌려주는 것이다. 돈이 있는 사람들로부터 돈을 빌릴 수 있게 하기 위해 정기예금, 적금, 이체 서비스 등을 제공한다.

보험의 주목적도 보험 가입을 받고 나중에 보험 가입자에게 보험금을 지급하는 것이 아니다. 지금 보험금을 받고, 그 돈을 다른 사람에게 빌려주거나 투자를 한다. 그렇게 번 돈의 일부를 나중에 보험 가입자에게 보험금으로 지불한다. 금융업을 하기 위해서는 다른 사람들로부터 돈을 받아야 하는데, 보험회사는 나중에 큰 보험금을 지불하겠다는 약속을 하고 지금 여유자금을 받는 것이다.

증권회사는 사람들이 증권을 사기 위해 예치해 놓은 돈을 활용해서 수익을 챙긴다. 투자회사는 투자하고자 하는 사람들로부터 돈을 받아 그 돈을 이용한다. 금융회사는 돈이 있는 사람들에게 다양한 서비스를 제공하고 돈을 받아, 그 돈으로 투자 활동을 한다. 즉, 돈을 공급하는 사람과 돈을 필요로 하는 사람 사이에서 중개한다.

하지만 4차 산업혁명에서의 서비스란 주로 수요자와 공급자를 직접 연결하는 것을 말한다. 그동안 중간에서 수요자와 공급자를 중개하던 서비스들은 사라지고 중간에서 중개 서비스를 하더라도 이전보다 훨씬 낮은 비용으로 연결한다.

예를 들자면 택시 수요자와 택시 공급자가 서로 잘 매치되지 않을 때 우버 서비스가 이 둘을 연결한다. 그동안 부동산 수요자와 부동산 공급자 사이에서 공인중개사들이 높은 비용으로 중개를 했다면, 직방 같은 새로운 서비스는 적은 비용으로 중개를 한다. 수요자와 공급자를 직접 연결하거나 적은 비용으로 연결하는 것이 4차 산업혁명의 주 방향이다.

P2P 서비스도 마찬가지다. 그동안 자금 공급자와 자금 수요자 사이에는 은행, 보험회사, 증권회사, 투자회사 등이 존재했다. 여윳돈이 있어서 이자를 받고 돈을 빌려주려는 사람들은 이런 회사를 이용하는 것 말고는 방법이 없었다. 좋은 투자 기회를 직접 발굴하기란 어려운 일이다.

P2P 서비스는 이런 사람들에게 좋은 투자 정보를 제공한다. 믿을 만한 투자 대상자, 돈을 빌려줘도 괜찮을 것 같은 대상자를 쉽게 찾도록 돕는다. 중간에 은행, 투자 회사가 끼어들면 높은 수수료를 지불해야 한다. 은행의 경우 1~2%의 이자만 제공할 뿐이며 투자 회사 펀드의 경우 투자 수익 배분 몫 이외에도 매년 원금의 1~2%라는 금액을 떼어간다.

P2P 서비스도 수수료를 지불해야 하지만 은행, 투자 회사 등에 비하면 훨씬 낮은 수준이다. 금융기관에 돈을 빌려주면 연 5%의 이자를 받는 것은 거의 불가능하다. 하지만 P2P의 경우에는 연 10%의 이익을 얻는 것도 그리 어렵지 않다. 중개 기능은 간소화되고 투자자의 수익률은 올라가는 것이 P2P의 특징이다.

그런데 지금 한국에서는 P2P를 이용해 투자하려는 사람의 투자금을 제한하고 있다. 금융위원회에서 제정한 P2P 대출 가이드라인은 다음과 같이 규정되어 있다.

> **연계 금융회사의 P2P 대출정보 중개업자에 대한 확인 사항**
>
> ⑦ (투자 한도) 투자자에 대해 다음의 금액을 초과하지 않는 범위 내에서
> 투자 한도를 설정
> ○ (개인투자자) 1개 P2P 대출정보 중개업자 기준으로 1천만 원(동일
> 차입자에 대해서는 500만 원)
> ○ (소득요건을 구비한 개인투자자) 1개 P2P 대출정보 중개업자 기준
> 으로 4,000만 원(동일 차입자에 대해서는 2,000만 원)

　P2P에서 투자하려는 사람은 1개의 P2P 회사에서 1,000만 원만
투자할 수 있다. 1명의 투자자 대상으로는 500만 원만 투자 가능하
다. 소득요건을 구비한 개인투자자는 기본적으로 과세 소득이 1억
원이 넘는데, 이때는 1명 투자자를 대상으로 2천만 원까지 투자 가능
하다. 이런 규제를 하는 이유는 투자자를 보호하기 위해서다. 한 투
자자가 500만 원만 투자할 수 있게 했으니, 많이 잃어야 500만 원이
다. 즉, 투자자가 큰돈을 잃지 않도록 하는 규제이다.

　그런데 정부가 투자자를 보호하기 위해 규제를 한다는 것은 정말
이상한 일이다. 소비자를 보호하기 위해서는 규제할 수 있다. 돈이
없어 고생하는 채무자를 보호하기 위해서도 규제를 할 수 있다. 채권
자를 보호하기 위한 규제도 이해할 수 있다. 채권자는 원금과 이자를
반드시 돌려받는다는 계약을 하고 돈을 빌려준 것이기 때문에, 사회
에서 계약의 준수를 보장하기 위해 보호할 수 있다. 그런데 투자자가

큰돈을 잃는 것을 방지하기 위해 투자금을 규제한다? 이것은 투자의 성격을 고려하지 않은 이상한 규제이다.

투자라는 것은 원금과 이자를 보장받지 못하는 상황에서 그 위험을 감수해야 한다는 성격을 지닌다. 원금과 이자를 보장받고 싶으면 투자를 하지 말고 채권을 사거나 은행에 예금을 하면 된다. 그럼에도 불구하고 정부는 투자자의 큰돈을 보호하기 위해 규제를 만들었다.

더 큰 문제는 이런 식으로 투자금에 한계가 생기면 4차 산업혁명의 P2P가 발전하기 힘들다는 점이다. 투자하는 목적은 돈을 벌기 위해서이다. 그리고 적금, 투자 펀드 등 다른 투자 방법이 많은데도 불구하고 P2P를 이용하려는 것은 더 높은 수익을 얻기 위해서다. P2P가 10%의 높은 수익률을 제공하기는 하지만 천만 원만 투자할 수 있다면 백만 원의 수익밖에 얻을 수 없다. 한 달에 8만 원 정도의 수익인데 이런 식의 투자로는 부자가 될 수 없다. 1억 원의 소득이 있는 사람은 사천만 원까지 투자할 수 있다고 하는데, 이때 1년 동안 버는 수익은 사백만 원이다. 1억 원 이상 돈을 버는 사람이 1년에 사백만 원을 벌기 위해 투자에 힘을 쓰는 경우는 없다. 이것은 돈을 벌고 모으기 위한 투자 수단이 아니다. 용돈 벌이 수준일 뿐이다.

P2P 산업이 발전하려면 사람들의 투자 활동이 활발해야 하는데 P2P의 1인당 투자 규모 제한 때문에 투자금이 모이기 힘들다. 매출과 이익에 한계가 있어 성장에도 한계가 생긴다. 4차 산업혁명을 이끌며 발전하는 P2P 핀테크는 한국에서 불가능하다.

핀테크 외환 송금업에 대한
규제를 이야기하다

사실 4차 산업혁명은 그동안 전혀 없었던 것들이 새로 만들어진 것이 아니다. 기존에도 존재했던 산업에서 중간 비용을 감소시키는 것이 4차 산업혁명의 주요 방향이다. 택시 수요자와 택시 공급자 사이를 직접 연결하고, 벽지에 있는 의료 서비스 수요자와 의료 서비스 공급자를 인터넷으로 연결하는 것 등이다. 중간 단계를 생략해서 더욱 낮은 가격으로 수요자와 공급자를 연결하는 방식, 4차 산업혁명의 주요 서비스 대부분이 이런 방식으로 이루어진다. 4차 산업혁명 핀테크의 주요 부문 중 하나인 외환 송금 분야도 마찬가지다. 중간 과정을 생략해 가격을 낮게 책정하고 외국에 있는 사람과의 송금을 간편하게 만든다.

이전의 해외송금 서비스는 이런 방식이었다. 한국에 있는 A가 미국에 있는 F에게 송금을 하려고 한다. A는 한국에서 B은행과 거래하고 있고, F는 미국에서 E은행과 거래하고 있다. 그러면 A는 B은행에 가서 미국 E은행으로 송금해 달라고 부탁해야 한다. 그런데 이때 B은행에서 E은행으로 바로 송금이 되지 않는다. B은행과 E은행 간 해외송금 협약을 맺고 있어야 가능하다. 만약 이 두 은행이 해외송금 협약을 맺고 있지 않으면 절차가 굉장히 복잡해진다.

B은행은 한국에서 미국 E은행과 협약을 맺고 있는 은행이 어디인가 찾아야 한다. 한국에서 C은행이 미국 E은행과 협약을 맺고 있으면, B은행은 C은행에 송금을 의뢰한다. 그 후에 C은행이 E은행과 송금 절차를 마무리 짓는다.

결국 다음과 같이 해외송금이 이루어진다.

사람 A → 한국 B은행 → 한국 C은행 → 미국 E은행 → 사람 F

만약 미국 E은행이 한국의 은행과 송금 협약을 맺고 있지 않다면 미국의 다른 은행을 알아봐야 한다. 미국의 D은행이 한국 C은행과 협약을 맺고 있다면 다음과 같은 절차를 거쳐 송금이 이루어진다.

사람 A → 한국 B은행 → 한국 C은행 → 미국 D은행 →
미국 E은행 → 사람 F

A와 F가 거래하는 한국의 B은행과 미국의 E은행이 직접 외환 결

제 협약을 맺으면 중간에 2개 은행을 거쳐야 하고, 직접적인 외환 결제 협약이 없는 경우 많으면 4개의 은행이 개입한다. 그런데 은행의 서비스는 무료가 아니다. 이 각각의 단계마다 수수료가 부과된다. 2~4곳에서 수수료를 챙기니 수수료가 높아지고 시간도 오래 걸린다.

해외송금 핀테크는 이 과정들을 대폭 줄인다. 여러 은행을 거치지 않고 중간에 해외송금 핀테크 업체 한 군데, 혹은 중간에 은행 한 군데 정도가 추가되면서 상대방에게 해외송금을 할 수 있다. 핀테크로 각광을 받는 페이팔PayPal도 국제간 결제를 간편하게 만들어 세계적인 유명 기업으로 성장했다. 해외 결제를 간단하게 만드는 것은 글로벌 시대의 주요 서비스 혁신이 될 수 있다.

한국에서도 이러한 필요에 따라 핀테크 외환 송금업을 인정하고 있다. 하지만 역시 이 부분에도 규제가 들어간다. 아무 기업이나 외환 송금업을 할 수 없으며 법령에서 정하는 조건을 만족해야만 한다. 외국환거래법 시행령 제15조2에는 소액해외송금업무에 필요한 등록 조건을 다음과 같이 규정하고 있다.

외국환 거래법 시행령 제15조2 (소액해외송금업무의 등록)

② 소액해외송금업무를 등록하려는 자는 다음 각 호의 요건을 모두 갖추어야 한다.

1. 「상법」 제169조에 따른 회사로서 자기자본이 20억 원 이상일 것

4. 소액해외송금업무 및 그에 따른 사후관리를 원활하게 수행할 수 있

한국에 소액해외송금 회사를 세워서 해외송금영업을 할 수 있는 사람은 누구일까? 일단 자본금 20억 원이 있어야 한다. 전산 전문인력도 고용해야 하고, 외국환업무에 2년 이상의 경력을 가진 사람을 2명 이상 고용해야 한다. 잡무를 하는 사람 이외에 전문 인력을 최소한 3명 고용해야 한다. 인건비로만 1년에 최소 1억 원 이상 지불해야 한다. 해외송금 사업에 대한 좋은 아이디어를 가진 사람이 이 일을 할 수 있을까? 새로운 마케팅 방법을 개발한 사람이 이 업무를 시작할 수 있을까? 그것만으로는 불가능하다. 자본이 충분히 있는 사람만 가능하다. 이 분야 전문가라도 할 수 있는 일이 아니다. 그들은 돈이 많은 자본가 아래 고용되어 일할 수밖에 없다. 외환 거래를 잘 알고 새로운 서비스 방법을 개발하는 것보다, 먼저 자금이 있어야 한다. 그다음에 소액해외송금업에 진출할 수 있다. 법이 그렇게 정해놓았다.

더 큰 문제는 법이 소액해외송금의 규모를 제한하고 있다는 점이다. 외국환거래규정에서는 소액해외송금 회사가 이체할 수 있는 금액을 이렇게 규정하고 있다.

> **외국환거래규정(기획재정부고시 제2018-16호)**
>
> 제3-4조(소액해외송금업자의 업무) ① (생략) 소액해외송금업무의 건당 지급 및 수령 한도는 각각 건당 미화 3천불로 하며, 동일인당 연간 지급 및 수령 누계 한도는 각각 미화 2만불로 한다.

사람들은 어떤 경우에 해외송금을 할까? 해외에서 새로운 사업체를 만들 때 해외송금을 한다. 하지만 이런 경우는 수십억 원 이상의 돈을 보내는 것이니 소액 외환 송금이 아니기 때문에 은행을 정식으로 거치는 것이 인정될 수 있다. 사업자금 외에 해외에 송금하는 일은 해외에 거주하는 가족에게 생활비를 보내거나 유학 자금을 보내는 경우가 있을 수 있다. 그런데 외국환거래규정은 건당 3천 달러, 연간 2만 달러 이상의 금액을 소액외환송금업체를 통해 송금하지 못하도록 규제하고 있다. 미국, 유럽 등지에서 1년 생활비가 2만 달러보다 적게 드는 경우는 흔치 않다. 대학 등록금과 생활비를 합쳐서 2만 달러 이하만 필요한 경우는 더욱 드물다. 결국 소액해외송금서비스로는 생활비도, 유학자금도 제대로 보낼 수 없다. 이런 서비스도 할 수 없는 소액해외송금 서비스업이 산업적으로 발달하고 제대로 된 수익을 내기는 어렵다. 실제 한국에서 소액해외송금 핀테크를 시작하기란 대단히 어렵고 설사 시작해도 수익을 내기 어렵다. 핀테크 외환 송금업에 대한 규제 때문이다.

금산분리는 어떻게
4차 산업혁명을 가로막는가

한국에는 금산분리 규제가 있다. 이것은 금융 부분과 산업 부문을 서로 분리하는 규제이다. 금융기관은 산업 기업의 주식을 소유할 수 없다. 투자 목적으로 주식을 가지고 있을 수는 있지만, 주식을 가진 주주에게 보장되는 의결권이 제한된다.

산업 기업도 금융기관의 주식을 가지고 있을 수 없다. 소수의 주식을 보유할 수는 있지만, 금융기관의 의사결정에 영향을 미칠 수 있을 정도의 주식은 보유할 수 없다. 설사 보유한다 하더라도 의결권은 제한된다.

금산분리를 규정하고 있는 주요 법 규정은 다음과 같다.

은행법

제16조의2(비금융주력자의 주식보유제한 등) ① 비금융주력자는 (생략)

은행의 의결권 있는 발행주식 총수의 100분의 4(지방은행의 경우에는 100분의 15)를 초과하여 은행의 주식을 보유할 수 없다.

이러한 금산분리 원칙에도 예외가 있다. 인터넷은행의 경우 비금융주력자가 34%까지 주식을 보유할 수 있다. 의결권이 일반 은행보다 증가하기는 했지만, 여전히 산업자본이 은행의 경영권을 행사하는 것은 제한되어 있다. 공동 소유와 공동 경영만 가능할 뿐, 기업이 인터넷은행을 주도적으로 경영하는 것은 불가능하다.

한국에서 이러한 금산분리 규제가 도입된 이유는 일반 기업이 금융을 지배하는 것을 막기 위해서다. 금융기관에는 일반 사람들의 예금이나 투자금을 통해 돈이 들어온다. 금융기관은 이렇게 들어온 돈으로 수익성이 높은 곳에 투자를 해야 한다. 수익성이 낮은 회사에 돈을 빌려주면 돈을 돌려받지 못하고 손실이 날 수도 있다. 금융기관은 자신이 소유한 돈으로 투자를 하는 것이 아니라 고객의 돈으로 투자하는 것이므로 수익성을 고려하지 않고 맘대로 투자하거나 손실이 날 것 같은 사업에 투자하면 안 된다.

그런데 기업이 금융기관의 대주주가 되면 이야기가 달라질 수 있다. 기업은 항상 돈이 부족하다. 이곳저곳에서 돈을 끌어모으려고 노력한다. 그런데 금융기관에는 항상 돈이 있으니 기업이 대주주로 있는 경우 그 권한을 이용해 금융기관에 예치된 돈을 자신의 기업으로 돌릴 수 있다. 물론 그 돈을 그냥 가져오는 것은 아니다. 금융기관이 모회사인 산업 기업에 대출해주는 방식을 이용한다. 금융기관은 이 기업이 돈을 제때 갚을 수 있을지, 사업이 계속 잘 유지될지를 엄격히 심사해서 대출 해줘야 한다. 하지만 자신의 대주주인 기업이 대출을 요청하면 심사를 엄격히 하기 힘들다. 그래서 다른 기업이라면 절대 돈을 빌려주지 않을 상황에서, 은행의 대주주로 있는 기업에는 돈을 빌려주는 경우가 생길 수 있다.

그러나 이 돈은 금융기관의 것이 아니라 고객의 돈이다. 고객의 돈을 기업들이 사용하고 있는 것이다. 만약 손실이 나면 고객들은 돈을 잃는다. 이런 이유 때문에 한국은 금산분리 원칙을 강력하게 적용하고 있다. 기업은 금융기관의 소유주가 될 수 없다. 설사 금융기관의 주식을 소유하더라도 금융기관의 의사결정에 영향을 미칠 수 있을 정도의 지분을 갖는 것은 금지된다.

그동안 금산분리 원칙은 한국에서 별 무리 없이 지켜져 왔다. 우리나라 금융기관이 사실 정부 기관의 성격을 가지고 있었기 때문이다. 산업 발전기에 은행은 자체적으로 자금을 배분한다기보다 정부의 지시에 따라 자금을 배분했다. 한국의 주요 은행인 국민은행, 우리은행, 농협 등은 사실상 정부가 주인이다. 외환은행과 다른 은행들도 실질적으로 정부의 입김에서 자유롭지 못했다. 기업은 정부의 입김이 강한 은행업에 진출하려 하지 않았고 그럴 필요도 없었다.

하지만 금융 부분은 전 세계에서 가장 빠르게 변하고 있는 분야 중 하나다. 세계 금융계는 인터넷은행, 각종 투자 회사, 핀테크 회사 등으로 급변했다. 새로운 금융기관과 금융 서비스가 계속 생기고 있다. 그런데 한국의 상황은 다르다. 혁신적인 금융 서비스도 제대로 도입되지 못하고 있다. 바로 금산분리 규제 때문이다.

한국에서 금융 관련 기업을 만들려면 거대한 액수의 자금이 필요하다. 정부에서 요구하는 자본금 규모가 크기 때문이다. 은행을 만들려면 천억 원, 인터넷은행은 250억 원, 신기술금융회사는 백억 원, 창업투자회사는 20억 원이 필요하다. 최근 각광 받는 신기술인 로보어드바이저(인공지능이 투자안을 제시하는 서비스)를 이용해서 고객과 투자일임 계약을 하려면 40억 원의 자본금이 있어야 한다. 문제는 한국에서 대기업 말고 이런 거대한 자본금을 부담할 수 있는 주체가 거의 없다는 점이다. 금융기관이 발전하려면 금융 투자 기관이 다양하게 만들어져야 하는데 그렇지 못한 이유 중 하나다.

벤처캐피탈, 신기술금융회사, 인터넷은행은 특히 신산업 발전에 중요한 역할을 한다. 이런 회사는 자본금 이외에도 직접 투자할 수 있는 투자금이 많아야 한다. 벤처캐피탈에 자금이 많아야 벤처 기업에 지원을 할 수 있다. 신기술금융회사도 자금이 풍부해야 신기술을 개발하려는 기업에 자금 지원을 할 수 있다. 그런데 이런 회사도 모두 금융기관의 일종이기 때문에 기업의 돈이 개입하기 어렵다.

금산분리는 미국에서도 엄격히 시행되고 있다. 하지만 미국에서 금산분리가 크게 문제시되고 있진 않다. 미국은 산업 기업 이외에도 돈을 가지고 있는 주체들이 굉장히 많기 때문에 금융 분야 기업들이 계속해서 새롭게 만들어지고 투자도 늘고 있다.

하지만 한국에서는 기업 이외에 그 정도의 자금을 가진 주체가 없고 만약 있다고 하더라도 소수의 금융기관밖에 만들지 못한다. 지속적으로 금융기관, 투자기관에 돈이 모이지 못하고 벤처투자회사도, 신기술금융회사도 늘어나지 않는다. 또 벤처투자회사, 신기술금융회사가 투자하는 금액도 별로 늘지 않는다.

4차 산업혁명을 활성화 하려면 많은 벤처 기업, 기술 기업들이 태어나야 한다. 그러려면 기업들이 원활한 자금 지원을 받아야 한다. 하지만 금산분리 규제 때문에 현재로서는 어렵다.

기업이 금융기관을 지배해서는 안 된다는 금산분리의 이유에 대해 반대할 수는 없다. 금융기관이 모기업에 엄격한 심사 절차 없이 돈을 빌려주는 것은 분명 사회적 재앙이다. 그러나 기업이 무조건 금융기관에 투자해서는 안 된다는 규제는 지나치다. 금융기관의 돈을 기업이 멋대로 사용하는 걸 막으려면 금융기관이 모기업과 관련 기업에 대출해주는 것을 엄격히 관리하면 된다. 모기업과 금융기관 간 금융 거래를 항상 꼼꼼하게 감시하면 문제를 방지할 수 있다. 하지만 지금은 기업이 금융기관을 소유하는 것 그 자체가 금지되어 있다. 금산분리는 한국의 4차 산업혁명을 어렵게 하는 주된 규제 중 하나가 되었다.

5장

블록체인과 의료 혁명을 가로막는 규제

ICO 금지 규제는
어떤 조항일까?

4차 산업혁명에서 가장 중요한 기술 중 하나로 인식되는 것이 블록체인이다. 그리고 블록체인을 운영할 때 사용되는 것이 암호화폐이다. 블록체인 사업자는 투자자에게 이 암호화폐를 주고 투자금을 받는다. 이것을 ICOInitial Coin Offering라고 한다. 증권시장에서 주식을 주고 돈을 받는 것을 IPOInitial Public Offering라고 하는데, ICO의 기본적인 성질이 이와 유사하다. 블록체인 사업자는 ICO를 통해 투자금을 모아야 하지만 현재 한국에서는 ICO가 금지되어 있다.

ICO를 처음으로 금지한 국가는 중국이다. 중국은 2017년 9월 초부터 ICO를 금지하고 있다. 한국은 2017년 9월 말에 ICO를 금지한다는 발표를 했다. 2017년 9월은 비트코인이 폭등했던 달이다. 2017년 1월에 100만 원이 조금 넘었던 비트코인이 2017년 9월에 500만 원으로 상승했다.

비트코인 등 가상화폐가 폭등을 하면서 가상화폐에 대한 사회적 관심도가 높아지고 이슈화되기 시작하자 한국은 가상화폐 시장에 대해 규제를 걸었다. 정부는 당시 각 부처가 모인 가상통화 관계 기관 합동 태스크포스에서 향후 모든 형태의 화폐 공개ICO에 대해 금지한다고 발표했다.

이 당시 비트코인 등 가상화폐의 폭등은 한국만이 아니라 전 세계 공통으로 발생한 일이었다. ICO가 문제가 된 것도 전 세계 공통이었다. 부적절하고 돈만 챙기려고 하는 ICO 발행, 아무런 기술과 자격 없이 돈만 받으려는 ICO 발행 등이 문제였다. 하지만 주요 국가 중에서 ICO를 금지한 곳은 중국과 한국 정도다. OECD 국가 중에서 ICO를 금지한 곳은 한국뿐이다.

중국은 ICO가 금지되어 있지만 중국의 특별행정구역인 홍콩은 ICO를 허용한다. 홍콩은 ICO가 가장 활발한 지역에 속한다. 중국 기업 중 ICO를 원하는 기업은 홍콩으로 이동해서 ICO를 할 수 있는 길이 열려 있다. 한 국가 내에서 ICO가 완전히 금지된 국가는 한국뿐이다.

한국 정부는 ICO를 사기 행위로 간주했다. ICO를 통해 투자자가 받는 암호화폐로 무엇을 할 수 있다는 것인지 의심했기 때문이다. 현재 암호화폐를 이용할 수 있는 곳은 많지 않다. 비트코인의 경우 사용할 수 있는 곳이 있지만, 비트코인 외의 다른 암호화폐들은 현재 아무 곳에서도 사용할 수 없다. 사용할 수 없는 암호화폐를 팔고 투자금을 받는다? 정부는 이를 봉이 김선달이 대동강 물을 파는 것과 유사하다고 판단했다.

그런데 한국은 어떤 근거를 가지고 ICO를 금지한 것일까? 한국은 기본적으로 법치주의 국가이고 정부가 무엇을 금지하기 위해서는 법률적인 근거가 있어야 한다. ICO를 금지하는 규제는 어떤 것일까?

재미있게도 현재 한국에서는 ICO를 금지한다는 규정이 없다. 법률도 없고 명령에도 없고, 규칙, 고시에도 없다. 행정 지도에 불과한 가이드라인에서도 ICO를 금지한다는 규정이 없다. 그런데도 ICO가 금지되는 이유는 정부가 ICO를 유사수신행위로 본다는 판단 때문이다.

유사수신행위라는 것은 무엇일까? 「유사수신행위의 규제에 관한 법률」에서는 유사수신행위를 다음과 같이 규정하고 있다.

유사수신행위의 규제에 관한 법률 제2조

제2조(정의) 이 법에서 '유사수신행위'란 (생략) 불특정 다수인으로부터 자금을 조달하는 것을 업으로 하는 행위로서 다음 각 호의 어느 하나에 해당하는 행위를 말한다.

  1. 장래에 출자금의 전액 또는 이를 초과하는 금액을 지급할 것을 약정하고 출자금을 받는 행위
  2. 장래에 원금의 전액 또는 이를 초과하는 금액을 지급할 것을 약정하

> 고 예금·적금·부금·예탁금 등의 명목으로 금전을 받는 행위
>
> 3. 장래에 발행가액 또는 매출가액 이상으로 재매입할 것을 약정하고 사채를 발행하거나 매출하는 행위
>
> 4. 장래의 경제적 손실을 금전이나 유가증권으로 보전하여 줄 것을 약정하고 회비 등의 명목으로 금전을 받는 행위

유사수신행위는 기본적으로 '불특정 다수인으로부터 자금을 조달하는 것'이다. 암호화폐 발행은 불특정 다수인에게 암호화폐를 주고 자금을 조달하는 것이기에 여기에 해당한다. 하지만 유사수신행위가 되기 위해서는 이 조건만으로는 안 되고 법률 제2조의 1~4호 중 하나를 만족해야 한다. 내용을 살펴보면, 모두 원금을 보장하거나 수익을 보장하는 약속을 하는 경우를 말한다.

투자라는 건 수익 여부를 미리 알 수 없는 행위다. 그런데도 확실하게 원금을 보장하겠다며 자금을 모으는 경우가 있다. 투자자가 이런 약속을 덜컥 믿고 돈을 주었다가 나중에 돈을 돌려받지 못하는 경우가 생길 수도 있다. 돈을 돌려줄 수 없는 가능성이 높은데도 원금을 확실하게 보장하겠다는 약속을 하고 남에게 돈을 빌리는 행위는 사기다. 유사수신행위가 그런 것이다. 원금과 수익 보장을 하지 않고, 돈을 잃을 수도 있다는 것을 천명한 경우는 유사수신행위라고 말하지 않는다.

암호화폐 발행, ICO는 불법적인 유사수신행위일까, 아닐까? 법

조문을 그대로 해석하면 암호화폐를 발행하면서 원금 보장, 수익 보장을 천명할 경우 불법 유사수신행위가 된다. 그러나 원금 보장, 수익 보장을 하지 않고 이것이 불확실하다는 것을 밝힌 뒤에 자금을 모집하는 경우에는 불법 유사수신행위가 아니다. 이것이 조문 그대로의 해석이다.

하지만 한국에서는 모든 ICO를 유사수신행위, 불법으로 간주한다. 원금과 수익을 보장하지 않고 위험성이 있다는 것을 사전에 충분히 알려줘도 불법이다. 한국의 ICO는 제대로 된 규제 조항 때문에 금지되고 있는 것이 아니다. '모든 ICO는 유사수신행위에 속한다'라는 정부 담당자의 판단에 따라 금지되고 있는 것이다. 그런데 유사수신행위에 대한 법 조항을 제대로 읽어보기만 해도 ICO를 유사수신행위로 판단하는 게 과연 맞는 것인가 하는 의문이 떠오를 수밖에 없다. 한국에서 4차 산업혁명이 어려운 이유는 이 때문이다. 법 규정 자체보다 정부 규제 담당자의 주관적인 판단이 우선이기 때문이다.

블록체인은 지원하고
암호화폐는 규제한다?

블록체인 지원을 얘기하기에 앞서, 한국의 대표적인 정책 실패 중 하나로 거론되는 시화호 방조제 사례를 보자. 시화호는 경기도 안산시에 있는 호수로 바다에 간척사업을 해서 만들었다. 시화호 방조제는 1987년 공사를 시작해서 1994년 완공됐다.

방조제 안쪽에는 원래 바닷물이 있었는데 방조제를 쌓아 바다와 갯벌 지역을 민물 호수와 토지로 바꾸려고 했다. 바닷물을 빼내고 육지에서 하천의 물을 지속적으로 유입시키면 결국 민물이 된다. 이런 식으로 만든 민물을 새로 조성되는 농지, 산업공단 등에 농업용수, 공업용수로 공급하려고 했다.

그런데 방조제 내부의 물이 오염되어 썩기 시작했다. 폐수가 계속 유입되었고 바다로 나가지 못한 채 고인 물이 방조제 안에서 썩어갔다. 정화하려고 노력했지만 역부족이었다. 결국, 방조제 문을 열었다. 문을 열면 바닷물이 들어온다. 오염되었던 물이 바닷물과 섞이면서 문제가 자연스럽게 해결되었다. 그러나 시화호는 이제 민물 호수가 아니라 바닷물 호수다. 주변에 농업용수로 공급할 수도 없고 공업용수로 사용할 수도 없다. 방조제 안의 지역을 이용하려고 간척사업을 한 건데, 제대로 이용할 수 없게 되었다.

시화호는 정책학 연구자들에게 실패 사례다. 그런데 그 당시 정책을 담당했던 고위 공무원의 생각은 달랐다. 그들은 시화호를 정책 성공 사례로 봤다. 방조제는 잘 만들어져 문제없이 운영되고 있고, 시화호의 오염이 문제였지만 그것 역시 바닷물이 들어와서 해결되었다. 시화호는 깨끗한 물이 가득 찬 호수가 되었다. 그러니 시화호 방조제 정책은 성공이라고 평가했다.

겉으로 보면 아무 문제 없다. 그러나 방조제 안의 물이 어떤 물이냐가 문제다. 민물이냐, 바닷물이냐에 따라 그 호수와 주변 지역의 이용도가 완전히 달라진다. 하지만 이 정책담당자에게는 그 점이 중요하지 않았다. 겉으로 봤을 때 깨끗한 호수인가, 오염된 호수인가만 중요했다. 깨끗한 호수가 만들어졌으니 성공한 정책이었다.

블록체인 이야기로 돌아와서, 지금 4차 산업혁명의 기수로 논의되고 있는 블록체인은 앞으로 사회를 완전히 바꾸어 놓을 신기술로 인정받고 있다. 블록체인에서는 여러 컴퓨터가 갖고 있는 소규모 데이터가 서로 융합해 전체 데이터를 형성한다. 다수의 컴퓨터들이 자료 저장에 관여하기 때문에 손쉽게 자료를 수정하거나 조작할 수 없다. 조작하려면 자료 작성에 참여한 모든 컴퓨터를 한꺼번에 조작해야 한다. 하지만 전 세계의 수많은 컴퓨터에 자료가 분산되어 있기 때문에 거의 불가능하다. 이렇듯 블록체인은 조작이 불가능하다는 점에서 신뢰성 있는 데이터 저장 환경이라고 말할 수 있다.

그런데 블록체인을 운영하려면 전 세계 수많은 컴퓨터가 이 자료 분산에 활용되는 것에 대한 보상이 필요하다. 보상이 있어야 개인 컴퓨터를 블록체인 과정에 제공하지, 그렇지 않다면 제공할 이유가 없다. 이 보상 방법으로 거론되는 것이 암호화폐, 가상화폐다. 그래서 블록체인 기술자들은 가상화폐의 발전과 블록체인의 발전은 서로 뗄 수 없는 관계라고 본다. 가상화폐 없이 블록체인만 발전시킨다는 것은 불가능하다. 가상화폐라는 보상 없이 전 세계 여러 컴퓨터들을 블록체인에 참여시키는 것이 어렵기 때문에 그렇다.

2017년 가을, 한국은 가상화폐에 대한 규제를 시작했다. 우선 2017년 9월 말, 가상화폐를 새로 발행하는 것을 금지했다. 소위 ICO 금지 정책이다. 그리고 가상화폐 거래도 규제하기 시작했다. 가상화폐 거래 실명제를 도입하고, 거래를 최대한 억제했다. 가상화폐 가격 상승을 막는 것이 정책 목표였다.

이렇게 가상화폐에 대해 강력한 규제가 시작되자 블록체인 업계는 반발했다. 가상화폐 죽이기는 블록체인 죽이기다. 블록체인은 현재 4차 산업혁명에서 가장 중요한 요소로 인정받고 있다. 블록체인 시장을 이렇게 규제하는 것은 옳지 않다.

하지만 정부는 규제의 대상이 암호화폐이지, 블록체인이 아니라는 점을 강조했다. 2018년 1월 국무조정실은 가상통화 투기에 대해 강력히 대응하겠지만 블록체인은 적극적으로 육성한다는 발표를 했고, 2월에는 가상통화 거래소를 폐지하지 말라는 청와대 국민청원에 대한 답변에서 블록체인 기술을 적극적으로 육성하겠다고 말했다.

가상화폐 거래, 특히 가상화폐 발행에 대해서는 적극적으로 규제하면서 블록체인은 육성하겠다는 것이 정부의 방침이다. 그런데 블록체인과 암호화폐는 분리될 수 없다. 암호화폐가 있어야 블록체인이 운영된다. 하지만 정부의 견해는 분명하다. '암호화폐는 규제하고 블록체인은 육성한다.'

이렇게 할 수 있는 방법이 없는 것은 아니다. 블록체인에는 2가지 유형이 있다. Public 블록체인과 Private 블록체인이다. Public 블록체인은 전 세계 여러 컴퓨터가 블록체인에 참여해서 운영되는 방식이다. 주도자나 관리자가 없이 분산적으로 운영된다. 암호화폐 또한 필요하다.

반면 Private 블록체인은 특정 기관, 기업이 만들어서 운영할 수 있다. 한 기관이나 기업의 네트워크 내에서만 운영되는 블록체인이며 주도자가 있고 관리자도 있다. 이 Private 블록체인에서는 암호화폐가 필요하지 않다. 관리자가 본인 부담으로 컴퓨터들을 운영하면 된다.

정부의 발표는 이 Private 블록체인을 지원하겠다는 것이다. 겉으로 보기에는 두 유형의 블록체인이 모두 똑같다. 하지만 그 내부는 완전히 다르다. 블록체인이 각광을 받는 이유는 자료를 공유할 수 있지만 조작과 수정이 불가능하기 때문이다. 그런데 Private 블록체인은 다른 사람들과 자료를 공유하지 않는다. 한 기업, 기관 내에서만 자료가 유통될 뿐, 그 경계선을 넘어 자료를 전달하지 않는다. 또한 Private 블록체인에서는 자료 조작이나 수정이 가능하다. Public 블록체인에서 조작과 수정이 불가능한 이유는 전 세계에 퍼져있는 컴퓨터들을 한꺼번에 모두 조작하기 불가능하기 때문이다. 하지만 블록체인이 자기 회사 내에서만 작동된다면 회사 내의 데이터를 한꺼번에 바꿀 수 있다. 블록체인의 장점인 자료 공유, 자료 조작과 수정 불가능성이 Private 블록체인에서는 작동되지 않는다.

시화호 정책 당시, 고위 정책 담당자에게는 시화호의 물이 민물인지 바닷물인지 중요하지 않았다. 시화호의 물이 깨끗한지만 중요했다. 지금 정부가 블록체인을 바라보는 시각도 마찬가지인 것 같다. 블록체인의 고유 기능은 자료는 공유하되 자료 조작은 불가능하다는 점이다. 하지만 지금 정부 규제자 입장에서 그런 것은 중요하지 않은 것 같다. 겉으로 보기에 블록체인인가, 아닌가만 중요하다.

향후 정부도 블록체인을 만들고 공기업이나 삼성, LG, 현대 등의 기업이 만들어 운영하는 블록체인도 등장할 것이다. 그들은 4차 산업혁명의 기수라는 블록체인을 이용해서 자료를 관리할 것이다. 하지만 이런 블록체인은 4차 산업혁명과 별 관계가 없다. 내부 자료 관리 방식이 변화한 것뿐이다. 4차 산업혁명의 기반인 자료의 공유, 자료 조작 불가능으로 인한 신뢰성 있는 자료기반 구축과는 관계없는 이야기다.

가상통화 거래소를 규제하는 곳은
어디인가

2017년 하반기 비트코인과 가상통화의 폭등으로 정부는 한 가지 규제안을 만들었다. '가상통화 관련 자금세탁방지 가이드라인'이라는 규제안이 가상통화에 대한 현재 정부의 공식적인 규정이다(2018년 11월 기준). 이 규제안은 2018년 1월 23일에 발표되어 같은 달 30일부터 시행되었다.

주요 내용은 다음과 같다.

2절-나-1

금융회사등은 (가상화폐) 취급 업소의 다음 각 호의 정보를 확인

- 취급업소의 실명확인 입출금 계정서비스 이용 여부 및 이용 계획
- 취급업소가 이용자의 생년월일, 주소, 연락처 등을 포함한 신원사항 확인 여부
- 정부에서 발표하는 가상 통화와 관련된 정책의 준수 여부

이 가이드라인은 미성년자, 외국인 등의 가상통화 거래를 금지하고 있다. 또한 이용자의 생년월일 등 신원 사항을 파악하여 실명으로 거래가 이루어질 수 있도록 한다.

그런데 위 규제들을 보면 재미있는 점이 있다. 이 규제는 가상통화 거래소에 대한 규제다. 미성년자, 외국인이 가상통화 거래소에서 가상통화 매매를 못 하도록 하고, 가상통화 거래소의 거래를 실명으로 하도록 하는 규제이다. 그런데 규제의 대상이 모두 '금융회사'다. 금융회사가 '가상통화 취급 업소의 실명확인' 여부를 확인하고, '미성년자, 외국인 등의 가상통화 거래'를 식별하도록 하고 있다. 빗썸Bithumb, 코인원coinone 같은 가상통화 거래소에 대한 규제가 아니다. 신한은행, 국민은행과 같은 금융기관에 대한 규제이다. 이 가이드라인의 내용은 신한은행, 국민은행과 같은 금융기관이 빗썸, 코인원 같은 가상통화 거래소의 거래 내용을 확인해서 규제하라는 뜻이다. 정부가 아닌 금융기관이 가상통화 거래소를 규제하는 것이다.

규제의 주 대상, 주체가 가상통화 거래소가 아니라 금융기관인 이유는 기본적으로 금융감독원의 관할 영역 때문이다. 금융감독원이 감독 권한을 가지고 있는 곳은 금융기관뿐이다. 은행, 증권회사, 보험회사 등과 같은 금융기관에 대해서만 금융감독원이 감독권을 가질 수 있다. 그런데 가상통화 거래소는 금융기관이 아니다. 따라서 금융감독원의 관할 대상이 아니고, 금융감독원은 가상통화 거래소에 대해서 어떤 명령을 내릴 권한도 없다.

이렇게 된 데에는 가상통화가 정확히 무엇인가라는 점이 중요했다. 가상통화가 '화폐의 일종'으로 인정되면 가상통화 거래소도 금융기관이 될 수 있다. 그러면 금융감독원의 감독 대상이 된다. 하지만 가상통화가 화폐의 일종이 아니라면 가상통화 거래소는 금융기관이 될 수 없다. 금융감독원의 감독 대상도 아니다. 금융감독원이 가상통화 거래는 자신들의 관할 영역이 아니라고 계속 말을 해 온 이유도 그 때문이다.

그런데 국민 입장에서는 좀 이상한 이야기로 들린다. 가상통화 거래소에 하루 수십만 명이 가상통화 거래를 하면서 하루 수백억 원, 수천억 원이라는 돈이 거래된다. 이만큼 많은 양의 돈이 거래소에서 거래된다면 그것은 중요한 금융 활동이다. 일반 시민 입장에서는 가상통화 거래소에서 가상통화를 거래하는 것이나 증권회사에서 주식을 거래하는 것이나 똑같다. 하지만 금융감독원은 가상통화에 대해 규제할 수 없다고 했다. 가상통화는 화폐가 아니고, 가상통화 거래소는 금융기관이 아니라는 이유였다. 그래서 가상통화에 대한 규제는 금융감독원이 아니라 법무부에서 담당하게 되었다.

법무부 장관이 가상통화 거래소를 폐지하겠다는 안을 언급하면서 국민의 반발을 샀고, 결국 가상통화 거래소는 금융감독원에서 주로 담당하게 되었나. 그러나 금융감독원이 감독권을 가지고 있는 것은 금융기관일 뿐이다. 그래서 일종의 편법이 필요했다.

가상통화 거래소는 은행과 거래를 해야만 한다. 고객들의 돈이 가상통화 거래소를 통해 입·출금돼야 하는데, 이때 필연적으로 은행 계좌를 이용할 수밖에 없다. 그래서 금융감독원은 가상통화 거래소와 거래하는 금융기관에 규제를 했다. '가상통화 관련 자금세탁방지 가이드라인'은 어디까지나 금융기관에 대한 규제이다. 금융기관이 자신과 거래하는 가상통화 거래소의 거래 내역을 살펴보고, 정부의 지침을 제대로 지키는지 확인하면서 거래하라는 의미이다.

만약 가상통화 거래소가 실명확인을 제대로 거치지 않거나 미성년자가 거래를 한다면? 그렇게 될 시 금융감독원은 그 은행에 징계를 내린다. 금융감독원이 가상통화 거래소를 직접 규제하지는 못하지만 정부 지침을 따르지 않는 가상통화 거래소와 거래하는 은행은 징계한다. 은행이 징계 받지 않기 위해서는 가상통화 거래소가 제대로 정부 지침을 따르는지 철저히 확인해야 한다. 지침을 잘 따르면 가상통화 거래소에 은행 계좌를 발급해주고, 지침을 따르지 않으면 은행 계좌를 발급해주지 않는다. 지금 가상통화에 대한 규제는 이런 식이다.

이것은 제대로 된 규제가 아니다. 책임 있는 정책집행도 아니다. 정부는 한 발짝 뒤로 물러나 은행과 가상통화 거래소 간에 알아서 거래의 안전을 책임지라고 말하는 것과 다름없다. 어디에선가 문제가 발생해도 정부는 책임이 없다. 확인을 제대로 하지 않은 은행의 잘못이다. 민간이 민간을 규제하도록 하는 것, 그것이 현재 한국에서 이루어지고 있는 가상통화 규제이다.

지금 가상통화 거래소는 은행 계좌를 발급받지 못해 사업을 제대로 운영하지 못하는 곳이 많다. 이 가상통화 거래소가 정부를 찾아가서 은행 계좌를 발급해달라고 말하면 정부는 그것은 자기 소관이 아니니 은행에 찾아가서 이야기하라고 한다. 그래서 가상통화 거래소가 은행에 찾아가면, 은행에서는 정부의 지침 때문에 계좌를 발급해줄 수 없다고 말한다. 은행 계좌를 함부로 발급해주면 정부로부터 징계를 받는다.

가이드라인은 은행이 가상통화 거래소의 거래 안전을 책임질 것을 요구한다. 하지만 은행이 거래 기업의 안전성 여부를 보장하는 것은 애당초 어려운 일이다. 은행은 정부의 지침 때문에 계좌 발급이 어렵다고 말한다.

많은 가상통화 거래소가 이런 식으로 은행 계좌 발급에 실패한다. 그런데 이 규제의 주된 책임자, 대상자가 누구인지 명확하지 않다. 규제라는 것은 누가 담당하고 책임을 지느냐가 중요하다. 그런데 가상통화와 관련해서는 그런 규제의 책임자가 없다.

이 문제는 규제 이론에서 상당히 중요하다. 민간이 민간을 규제하게 하고 정부는 뒤로 물러나는 것. 그런 형태의 규제는 존재해서는 안 된다. 무엇보다 규제의 예측성이 떨어지고 불확실성이 높아지기 때문이다. 규제의 불확실성이 높은 곳에서 새로운 사업이 시행되긴 힘들다. 현재 가상통화는 그런 불확실성 속에 놓여있다.

가이드라인에 의한
규제는 위험하다

현재 가상통화에 대한 정부 규제는 앞에서 본 바와 같이 금융위원회가 발표한 '가상통화 관련 자금세탁방지 가이드라인'에 의해서 이루어지고 있다. 그런데 '가이드라인'이란 도대체 무엇일까?

정부의 규제는 기본적으로 법률의 형태를 가진다. 법률은 국회를 통과해야만 성립된다. 국민의 대표인 국회의원들이 국회에 모여 국민들을 위하는 목적의 법률을 만든다. 국민의 대표는 이 법률에 따라서 국민들을 규제할 수 있다. 그래서 국민이 법률을 만들고 국민이 법률을 준수한다는 논리가 성립한다. 국민이 스스로 자기 자신을 규율하는 것이다. 다른 주체가 만든 규제를 국민이 따라야 한다면 그것은 통제, 감독, 감시이다. 하지만 국회에서 통과한 법률을 지키는 것은 국민이 스스로 만든 규제를 국민이 스스로 지키는 것이다. 그래서 규제는 정당성을 가진다. 규제의 1차적인 근거는 법률이다.

그런데 법률이 모든 것을 다 규정하기는 힘들다. 그래서 법률의 세부적인 사항 중 명령이라는 형식을 사용한다. 명령은 행정부서가 만든다. 명령에는 대통령령, 총리령, 부령 등이 있다. 이것들은 법의 시행령 형태로 제정된다. 명령 역시 국민을 규제할 수 있다. 하지만 명령에서 마음대로 국민을 규제하는 규정이 만들어질 수는 없다. 법률에 근거가 있어야 한다. 법률은 규제의 중요한 사항만 규정하고, 세부적인 것은 명령으로(명령을 통해 규정할 것을 위임한 경우에만) 규제한다. 명령을 정부의 각 부처에서 만든다고 해도 부처가 마음대로 만들 수 있는 것은 아니다. 대통령과 각 장관들이 모두 참여하는 국무회의를 통과해야 한다.

명령 아래에 행정규칙이 있다. 이는 법의 시행규칙의 형태로 제정된다. 행정규칙은 행정부서 내의 관리를 원활하게 하려고 만들었다. 행정부 내부에서 지켜야 하는 내부 규정이자 국민들에게는 별 효력이 없다는 점이 원칙이다. 가끔 국민들에게 효력을 미치는 행정규칙이 만들어지기도 한다. 법률에서 명령으로 위임을 했는데, 행정부처에서 그 법률 위임 사항을 명령에서 규정하지 않고 규칙으로 규정하는 경우이다. 이런 경우에는 법률에서 위임한 내용을 규칙에서 규제하는 것이기 때문에 국민들에게 효력이 인정된다.

그밖에 고시 등이 있다. 고시는 법령을 집행하기 위한 전문적인 내용을 표시한 것이다. 사람들이 마시는 생수가 안전 기준을 충족해야만 판매할 수 있다고 법령에 규정했을 때, 어떤 생수가 안전하고 어떤 것이 안전하지 않은 것인지를 판단해야 한다. pH 수치의 정도, 미네랄의 수준, 대장균 등의 세균이 어느 정도 포함되어야 하는지 등 기술적인 세부 지침이 필요하다. 이런 전문적인 사항들을 정하는 것이 고시다.

이들 중에서 국민들에게 영향을 미치는 규제는 법률과 명령이다. 그 내용의 전문성을 인정받아 고시 등도 실질적으로 국민들이 지켜야 할 규제의 성격을 가진다. 하지만 행정규칙은 원칙적으로 규제가 아니다. 어디까지나 행정기관 내부에서 지켜야 하는 내부 규정일 뿐이다. 규제와 관련한 소송을 진행할 때 행정규칙은 아무런 증거자료의 역할도 하지 못한다. 법원은 법률과 명령에 의해서만 판단할 뿐, 행정규칙으로 행정부의 규제가 옳은지 그른지를 고려하지 않는다.

그런데 정부가 가상통화에 대해 규제하고 있는 것은 가이드라인에 의한 조치다. 법률이나 명령도 아니고, 심지어 시행규칙도 아니다. 그렇다면 가이드라인은 무엇일까?

가이드라인 중에서도 행정규칙인 경우가 있다. 훈령, 고시, 예규 등 행정규칙을 발표하면서 그 명칭을 가이드라인이라고 말하는 경우다. 이런 경우는 시민들이 참고할 수 있지만 그 외의 경우는 말 그대로 가이드라인, 안내서일 뿐이다. 사실 가이드라인은 법령의 해석이 확실하지 않을 때 그리고 법령의 내용이 보통 사람들이 이해하기 어려운 내용일 때 쉽게 풀어 제공하는 것이나. 예를 들어 김영란법에서는 '업무와 관련되었을 때' 선물을 받지 못하게 되어 있다. 그런데 어떤 경우에는 이것이 업무와 관련된 것인지 판단하기 어려울 때가 있다. 그럴 때 가이드라인이 필요하다.

가이드라인도 법원에서는 별 효과가 없다. 법원은 법률과 명령 등을 기반으로 재판을 한다. 가이드라인은 행정부처가 이런 식으로 해석하겠다는 지침이니, 법원은 가이드라인을 참고만 할 뿐이다.

지금 가상통화 거래소는 '가상통화 관련 자금세탁방지 가이드라인'에 의해 강력하게 규제 받고 있다. 가이드라인은 '가상통화 취급업소가 정부에서 발표하는 가상 통화와 관련된 정책의 준수 여부'도 판단하도록 하고 있다. 정부가 발표하는 가상통화 관련 정책을 준수하지 않을 시, 금융기관과 거래를 할 수 없게 한다는 내용이다. 상당히 강력한 규제다. 하지만 이것은 공식적인 규제가 아니다. 법률, 명령, 고시 등이 아니기 때문이다. 법률을 집행하는 과정에서 나타나는 모호한 부분을 정리하기 위한 해석서도 아니다. 담당 부서가 자의적으로 만든 가이드라인일 뿐이며, 법령에 따로 위임이 있는 것도 아니다. 현재 가상통화 거래소에 대한 규제는 정식적인 규제에 의해서 이루어지는 것이 아니라 정부가 자의적으로 규제하고 있는 것에 불과하다고 할 수 있다. 정부의 의도가 그렇다고 하니 따라갈 뿐이지, 제대로 된 규제 형식이 아니다.

가이드라인에 의한 규제는 위험하다. 법령에 의한 규제라는 법치주의의 기본 원칙이 무너지기 때문이다. 법률을 만들 때는 여러 이해

관계자가 참여하지만 가이드라인은 아니다. 정부 담당 부처가 만든다.

가상통화에서 가이드라인에 의한 규제는 앞으로 4차 산업혁명 관련 문제가 발생할 때 정부가 어떤 식으로 규제할지 어느 정도 예측하게 해준다. 법률과 명령으로 규제하는 것이 원칙이지만 대신에 시간이 오래 걸린다. 4차 산업혁명에서는 새로운 이슈가 많아 법 규정도 새롭게 다듬어야 하는데 법을 만드는 데는 오랜 시간이 걸린다. 게다가 명령과 규칙은 법이 만들어진 후에야 만들 수 있다. 그때쯤이면 사회에 이미 여러 문제들이 많이 발생한 뒤일 가능성이 크다. 4차 산업혁명에서는 이런 일이 빈번할 것이라고 본다. 그때마다 정부는 가상화폐때와 같이 가이드라인으로 규제를 할 가능성이 높다. 그러나 이러한 방식의 규제는 국민 합의에 의한 규제가 아니다. 예측 가능성도 없고 정통성도 없다. 규제 원칙에도 맞지 않는다. 가이드라인 형태의 규제는 앞으로 많은 논란을 불러일으킬 가능성이 크다.

한국에서 원격의료는
허용될 수 있을까?

한국 의료계에서 원격의료는 이미 10년 넘게 논란을 일으키고 있는 주제다. 원격의료는 의사가 환자를 직접 대면하지 않고 화상 전화 등으로 진단하고 처방하는 제도다. 현재 한국에서는 원격의료가 인정되지 않는다. 그 이유는 의료법에서 의사가 환자를 '직접 진찰'하도록 규정하고 있기 때문이다. 의료법 제17조는 다음과 같다.

의료법 제17조 (진단서 등)

① 의료업에 종사하고 직접 진찰하거나 검안한 의사, 치과의사, 한의사가 아니면 진단서·검안서·증명서 또는 처방전을 작성하여 환자에게 교부하거나 발송하지 못한다.

즉 의사는 환자를 직접 만나서 진찰해야만 진단서, 처방전을 작성할 수 있다. 화상회의처럼 화면을 통해 진단하면 안 된다. 반면 환자는 진단서, 처방전을 갖고 있어야만 약을 받거나 치료를 받을 수 있다. 그러니 환자는 의사를 직접 만나서 진찰받아야 한다.

문제는 시골이나 먼 외딴 섬에 거주하는 환자, 몸을 움직이기 힘들 만큼 건강이 좋지 않은 환자의 경우다. 시골에는 의사가 없다. 시내 병원에 가기 위해 한 시간 넘게 버스를 타고 이동해야 하는 사람들이 지방에는 많이 거주한다. 외딴 섬에 사는 사람은 의사를 만나기 위해 오랜 시간 배로 이동해야 하며 거동이 불편한 환자는 차를 대절해서 이동해야 할 수도 있다. 그렇지 않은 경우 의사에게 왕진을 요청해야 하는데, 이 경우에는 의사가 장시간 이동을 해야 한다는 문제가 발생한다.

원격 진료는 이 문제를 해결할 수 있다. 사실 원격 진료라는 것 자체는 4차 산업혁명과 관련된 주제가 아니다. 화상 전화, 인터넷 등이 발달한 3차 산업혁명에서 거론되던 주제다. 인터넷 기술, 동영상 전송 기술이 발달한 국가에서는 원격의료가 특별한 이야기가 아니다. 인터넷 기술 개발 속도가 더딘 국가는 어쩔 수 없지만, 인터넷 기술이 개발된 국가에서는 이미 원격 진료가 상당수 이루어지고 있다.

하지만 한국에서는 원격의료가 불법이다. 분명히 의료법에 의사는 환자를 '직접' 진찰해야 한다고 적혀있기 때문이다. 이전에는 '의사는 환자를 진찰하고 나서 진단서, 처방전을 발급할 수 있다.'라고 규정되어 있었다. 2007년 의료법이 개정될 때 '직접'이라는 표현이 들어갔다. 이 '직접'이라는 말은 원래 원격의료를 금지하기 위해 만들어진 것이 아니다. 의사가 환자를 직접 만나지 않고 보호자나 타인이 환자에 대해 설명하는 말만 듣고 진단하는 것을 막기 위함이었다. 하지만 인터넷 화상 통화 등이 발전하고 원격의료 문제가 대두되면서 원래의 규제 의도와 다르게 이 규정은 원격의료를 막는 규제가 되었다.

현재 의료법에 원격의료를 인정하는 내용의 규정이 있긴 하다. 다음과 같은 내용이다.

> 제34조(원격의료) ① 의료인은 (생략) 컴퓨터·화상통신 등 정보통신기술을 활용하여 먼 곳에 있는 의료인에게 의료지식이나 기술을 지원하는 원격의료를 할 수 있다.

그런데 이 원격의료는 의사가 의사에게 지원하는 방식의 원격의료를 말한다. 의사가 환자에게 하는 것이 아니다. 원격의료는 기술적으로 가능해졌지만 문제는 여전히 '직접 진찰'이라는 법 규정이다.

원격의료를 반대하는 측에서는 의사가 직접 진찰을 해야만 제대로 된 진단을 할 수 있다는 점을 가장 크게 강조한다. 화상으로 진찰하는 것은 아무래도 직접 진찰하는 것보다 정확성이 떨어질 수밖에 없다. 또 의사와 환자와의 교감도 떨어진다. 원격의료가 시행되면 지방에 거주하는 환자들이 지방 병원을 찾지 않고 서울의 주요 대병원만 찾게 될 가능성이 크다는 점도 문제다. 이 부분은 이미 예전부터 커다란 문제였다. 만약 화상 전화로 서울 대형 병원의 진료를 받을 수 있게 된다면 많은 지방 거주민들이 지역 병원 대신 서울 대형 병원을 찾으려 할 것이다. 지방 병원의 입장에서는 큰일이다.

문제는 병원에 찾아가기 힘든 곳에 살고 있는 환자들의 현실적인 어려움이냐, 아니면 진단의 정확성과 지방 병원의 생존이냐이다. 이 두 주장이 10년 넘게 부딪히고 있다.

화상 통신을 이용하느냐 마느냐는 3차 산업혁명에서의 화두이지, 4차 산업혁명과 관련된 주제는 아니다. 하지만 원격의료에서 문제가 되고 있는 '의사가 직접 진찰' 부분은 4차 산업혁명과도 밀접한 관련이 있다. 4차 산업혁명의 주요 분야 중 하나인 인공지능은 계속 발전하고 있다. 인공지능을 이용한 건강 진단도 점점 발달하고 있다. 현재 인공지능을 활용하여 사람의 몸 상태를 살펴보고 의학적 진단을 하는 기기들이 개발되고 있는 중이다.

여기에서 문제가 발생한다. 현재 한국 의료법에 의하면 의학적 진단은 어디까지나 '의사가 직접 환자를 진찰'한 다음에 해야 한다. 그런데 의사가 환자를 직접 만나 진찰하지도 않았는데 인공지능을 활용한 기기들이 환자를 진단하거나 환자의 건강 상태에 대해 말하게 되면 이는 모두 불법 의료 활동이라고 간주된다.

인공지능 진단 기기들의 정확성이 높지 않다면 문제가 되지도 않을 것이다. 시중에 많이 떠도는 민간요법, 건강식품 이야기처럼 비과학적이고 재미 삼아 하는 것이라고 무시할 수도 있다. 하지만 인공지능은 점점 발달하고 있다. 인공지능 '왓슨'Watson의 암 진단 정확성은 의사가 진단한 것보다 더 높다고 인정받는다. 이처럼 진단 기기들의 정확성이 점점 상승하는 것이 4차 산업혁명과 인공지능 발달의 가장 큰 수혜 중 하나로 꼽힌다.

진단 기기들의 정확성이 높아지는 것은 좋은데, 이전 기술과 달리 의사들이 개입하지 않으면서도 진단기기 정확성이 높아진다는 점이 문제다. 이전에도 X-ray, CT, MRI, MRA 등 진단의 정확성을 높이는 기술은 계속 등장했다. 하지만 이런 기기들은 모두 의사들이 작동했고 의사들의 도움이 필요했다. 그러나 요즘 개발되는 진단 기기는 그렇지 않다. 의사들이 굳이 필요하지 않다.

외국에서는 인공지능을 이용한 진단 기기들이 계속 개발되고 있다. 하지만 한국에서는 함부로 이런 것들을 만들 수 없다. '의사가 직접 진찰해서 진단'해야만 한다는 조항에 위반될 가능성이 높기 때문이다. 기기가 자체적으로 건강 상태를 진단하면 그 자체로 위법성 논란에 휘말린다.

이 규정은 의료계에서 화상통신이라는 3차 산업혁명이 오지 못하도록 막았다. 현재 다른 분야에서는 필요에 의해 화상 회의를 하는 것이 일상적인데도 의료계에서 화상통신을 이용한 원격의료는 금지되어 있다.

그리고 이 규정은 의료계의 4차 산업혁명도 막을 가능성이 높다. '의사의 도움을 받지 않고 누구나 쉽게 자기 몸을 스스로 진단할 수 있게 해주는 의료 기기'는 한국에서 끝까지 사용되지 않을지도 모른다. 현재 법 규정이 바뀌지 않는 한 말이다. 이 규정은 10년 넘게 논란을 이어오면서도 바뀌지 않고 있다. 앞으로도 쉽게 바뀌기 힘들 것이다. 그만큼 의료계의 4차 산업혁명은 어렵다.

의료 수가제가
맞춤 의료를 막는다

4차 산업혁명이 의료계에 일으키는 혁명 중 하나는 개인별 맞춤 의료, 즉 환자들 개개인에게 딱 맞는 치료법을 제시하는 의료이다.

현재 환자는 의사와 개별적으로 면담해 맞춤 진료를 받는다. 하지만 치료 단계에서는 개개인별 맞춤 치료가 이루어지기 힘들다. 환자들에게 제조해 주는 약은 제약회사에서 표준화되어 나온다. 50ml, 100ml 등 환자는 정해진 용량의 약을 먹는다. 현재 환자에게 필요한 정확한 양이 70ml여도 그 용량으로 제조된 약은 없다. 환자에게 필요한 용량보다 더 적거나 더 많은 양을 먹을 수밖에 없다. 그렇다고 제약회사에서 50ml, 60ml, 70ml, 80ml 등의 약을 모두 다 만들 수는 없다. 그렇게 여러 종류로 만들게 되면 생산 비용이 증가한다. 대량 생산으로 약을 만드는 한, 대부분의 사람들에게 적당한 용량을 정해놓고 만들 수밖에 없다. 소수의 몇 명을 위해 약을 별개로 만드는 것은 제약회사 입장에서 비생산적이다.

제조한 약이 환자에게 정확하게 효력을 발휘하는지 분명하지 않다는 점도 문제다. 일반적으로 그 병에 효력이 있다고 검증된 약을 처방하기 때문이다. 제약회사에서는 A라는 질병에 대해 B라는 약이 효과가 있는지 여러 임상시험을 통해 검증한다. 이때 A질병을 앓고 있는 100명 모두에게 효과가 있는 약이란 없다. 사람은 모두 다르며 약을 몸에 받아들였을 때 몸의 반응도 모두 다르다. 어떤 사람에게는 잘 듣는 약이 어떤 사람에게는 아무 효과도 없다. 또 어떤 사람에게는 알레르기 반응을 일으키는 등 부작용이 발생하기도 한다.

환자 100명에게 투여했을 때 70명 정도에게 효과가 있으면 이 약은 훌륭한 약이다. 미국 FDA, 식약처 등에서도 인정하고 약으로 허가를 내준다. 하지만 이 약은 여전히 30% 정도의 환자에게 효과가 없다. 그래서 같은 질병에 처방되는 약에도 여러 종류가 있다. A질병에 대한 치료약이 B, C, D 등 여러 가지가 있을 수 있다. B라는 약을 투여했을 때 어떤 사람에게는 효과가 없다면 C약을 투여한다. C약을 투여해도 아무런 차도가 없을시 D약을 처방한다. 진단은 제대로 했어도 이렇게 치료약을 찾는 과정이 어려울 수 있다. 개개인에게 잘 맞는 약과 정확한 용량을 파악하기 쉽지 않다.

이런 맞춤형 치료의 문제를 해결하는 것이 4차 산업혁명이다. 우선 빅데이터와 인공지능, 그리고 이를 이용한 유전자 해석 기술을 합하면 개개인에게 맞는 치료법을 제시해줄 수 있다. 지금 시중에 나와 있는 치료약들의 특성, 효과 등에 대한 정보를 빅데이터로 입력하고, 각 환자의 유전자 정보도 추가한다. 그렇게 되면 유전적으로 어떤 물질을 잘 받아들이고 어떤 물질에 대해 거부 증세가 있는지 파악할 수 있다. 이 모든 정보를 기반으로 인공지능이 환자에게 가장 적당한 약과 약의 용량을 제시해줄 수 있다.

만약 환자에게 딱 맞는 약이 시중에 나온 약 중에 없다면, 어떻게 해야 필요한 약을 만들 수 있는지까지도 인공지능이 제시할 수 있다. 시중에 나와 있는 약이 A물질을 이용한 약과 B물질을 이용한 약밖에 없다고 가정해보자. 이때 인공지능은 A물질 30%, B물질 70%를 섞으면 특정 환자의 몸에 가장 잘 맞는 치료약이 될 것이라고 제안할 수 있다. 이런 방식으로 개개인에게 맞는 치료약이 제시된다.

빅데이터와 인공지능, 유전자 기술이 서로 융합해서 환자의 몸에 맞는 약은 A물질 30%, B물질 70%를 섞은 50ml 약이라는 처방이 나왔다고 하자. 그러면 제약회사가 이 약을 만들 수 있을까? 만들 수는 있지만 만들지 않는다. 제약회사는 공장에서 약을 만드는데 공장에서 딱 한 사람만을 위한 약을 만들 수는 없다. 아무리 개개인에게 맞는 처방전이 있다고 하더라도 제약회사가 공장에서 약을 만드는 현재 시스템에서는 의미가 없다. 하지만 3D 프린터로 약을 만들 수 있다면 이야기는 달라진다. 3D 프린터는 한 개 혹은 두 개 정도의 소량도 저렴한 비용으로 만들 수 있기 때문에 개개인에게 적합한 약을 생산할 수 있다. 빅데이터, 인공지능, 유전체 기술, 3D 프린터 기술이 서로 융합되어 그동안 불가능했던 환자 개개인 맞춤형 의료가 가능해지는 것이다. 이것이 4차 산업혁명에서 기대되는 의료 혁명이다.

그러나 한국에서 이러한 맞춤형 의료를 도입할 때 큰 문제점이 하나 있다. 바로 의료 수가제이다. 의료 수가제에서는 의사의 의료 행위, 치료 행위, 그리고 약값이 미리 정해져 있다. 의사가 진단을 하면 그 진단비는 얼마이고, 상처를 봉합하는 치료를 할 시 치료비는 얼마이며, B약을 처방할 때 약값은 얼마라는 식으로 가격이 정해져 있다.

만약 의사가 빅데이터, 유전체 기술과 결합한 인공지능을 이용해서 진단과 처방을 할 수 있다고 가정하자. 하지만 이런 인공지능 프로그램 도입 비용은 굉장히 비싸다. 일반 의사보다 훨씬 더 진단 능력이 우수한 프로그램이니 비쌀 수밖에 없다. 반면 의사의 진단 가격은 정해져 있다. 인공지능 프로그램을 사용하든 사용하지 않든 진단비는 똑같다. 인공지능을 이용할 경우에 더 비싼 진단비를 받을 수 있다면 인공지능을 도입할지도 모르지만 진단비를 똑같이 받을 수밖에 없다면 인공지능을 도입할 이유가 없다. 아무리 인공지능 기술이 개발되어도 그 기술을 사용하려는 병원이 적을 것이다.

만약 정부가 인공지능을 이용할 경우에 진단비를 더 많이 받을 수 있게 하면 이 문제는 해결될 것이다. 하지만 더 큰 문제가 있다. 정부는 제약회사가 만드는 약에도 수가를 적용하고 있다. 약이 만들어질 때 그 약의 수가를 얼마로 할지 정하고, 그 가격을 적용한다. 그런데 3D 프린터를 통해 만든 개개인 맞춤형 약 같은 경우는 비용을 어떻게 정해야 할까?

대량 생산되는 약이라면 약에 대한 수가를 정하는 것도 어렵지 않다. 하지만 맞춤형 의료에서는 천만 명을 위한 맞춤형 약이 만들어질 때 정부가 천만 개의 수가를 정해야 한다. 하지만 맞춤형 약은 한 번 사용하고 그다음에 똑같은 것을 또 사용하는 것이 아니다. 다음에는 또 다른 약이 만들어질 수도 있고, 그러면 정부는 또 수가를 정해야 한다. 1년에 몇천만 개의 수가를 새로 정해야 하는지 알 수 없다. 이것은 정부가 실질적으로 할 수 있는 일이 아니다.

수가는 의료보험 적용을 위해 필요한 과정이다. 만약 맞춤형 약에 대해 의료보험을 적용하지 않는다면 특별히 수가 심사를 거치지 않아도 된다. 약값은 비싸지겠지만 맞춤형 의료를 받는 환자가 받아들일 만한 가격이라면 특별한 문제는 없을 것이다. 하지만 정부는 모든 의료행위에 대해 의료보험을 적용하고자 계획하고 추진하고 있다. 정부의 계획에 의하면 모든 약이 전부 의료보험 대상이 되고 모든 약에 대해 수가가 정해져야 한다. 그동안 의료보험이 적용되지 않는 경우에 한해 수가 심사를 받지 않아도 판매할 수 있었지만 이제는 아니다. 미리 수가 심사를 받은 약만 판매할 수 있다. 그렇다면 3D 프린터에 의한 개개인 맞춤형 약을 필요할 때마다 제조하긴 어렵다.

맞춤형 의료 체계와 의료 수가제는 서로 충돌하는 개념이다. 맞춤형 의료 체계는 개개인에게 초점을 두고, 의료 수가제는 비슷한 것을 모두 하나로 묶는다. 개개인 맞춤형 치료는 상처를 봉합할 때 개인의 피부 성질, 유전적 특성에 따라 봉합의 모양, 간격 등을 조절하도록 하지만 의료 수가제에서는 불가능하다.

4차 산업혁명은 의료 부문에서 개개인 맞춤형 치료를 제시한다. 하지만 한국의 의료수가제에서 개개인 맞춤형 치료는 어렵다. 특히 모든 의료 행위에 대해 의료 수가를 적용하는 규제 시스템에서는 거의 불가능하다고 볼 수 있다.

한국에서 인공지능 진단기 왓슨이
개발될 수 있을까?

빅데이터와 인공지능은 의사가 병을 진단할 때 막강한 힘을 발휘한다. 의사의 가장 커다랗고 중요한 업무 중 하나는 진단이다. 환자가 아픈 이유가 무엇 때문인지 파악하는 것이 가장 중요하다. 일단 이유를 제대로 파악해야 그다음에 치료가 가능하다. 의사들은 오랜 경험과 지식을 바탕으로 환자의 병세를 진단한다.

그러나 지식과 경험, 이 두 가지 영역에서 빅데이터와 인공지능은 인간의 능력을 넘어선다. 사람은 1년에 많아야 몇백 개의 논문을 읽을 수 있을 뿐이다. 다른 하는 일 없이 논문만 계속 읽는다면 몇천 개의 논문을 읽는 것도 가능하다. 하지만 인공지능은 1년에 수백만 개의 논문을 읽고 그 정보를 파악할 수 있다. 그런 분량의 정보들이 과연 있느냐가 중요한데, 빅데이터가 그 막대한 양의 논문들을 정리해서 제공한다. 이를 인공지능이 습득하면 아무리 열심히 공부한 인간이라도 따라갈 수 없는 수준이 된다.

경험은 컴퓨터가 할 수 없는 인간 고유의 부분이라고 생각할 수도 있다. 그런데 그런 인간의 경험들이 자료화되어서 차곡차곡 쌓인 영역들이 있다. 바둑의 경우, 세계 최강자인 이세돌이 바둑계에서 어떤 경험을 쌓아왔는지에 대해 데뷔 때부터 현재까지의 모든 것들이 기보로 남아있다. 이세돌의 친구 관계가 어떠했는지에 대한 경험은 자료화되지 않았지만 최소한 바둑과 관련된 경험들은 자료화되어 있다. 의료 부문도 마찬가지이다. 특정 증상이 있는 환자에게 특정 약을 투여했을 때의 결과, 치료 경험이 대부분 자료로 남아 있다. 이 자료들이 풍부히 쌓여 빅데이터가 되고, 인공지능이 이 자료들을 습득하면 인간보다 더 나은 판단을 한다. 그것을 보여준 것이 이세돌과 알파고 바둑 시합의 결과였다.

바둑은 단순한 레저용 게임이 아니다. 프로 바둑 기사가 되려면 어린 나이부터 영재교육을 받아야 한다. 운동선수들이 초등학생 때부터 학교 수업도 잘 못 듣고 운동에만 시간을 투자하듯, 프로 바둑 기사가 되기 위해서는 어릴 때부터 바둑 하나에만 몰두해야 한다. 의사가 되려면 중고등학생 때 모든 과목에서 우수한 성적을 받아야 하지만 의학 정보를 접하는 것은 대학 입학 이후부터다. 유명한 법조인이라 하더라도 법률을 정식으로 배우기 시작하는 것은 대학, 로스쿨에 들어간 이후이다. 하지만 프로 바둑 기사는 아니다. 어릴 때부터 평생 바둑만 둔다. 두뇌 활동으로 프로 바둑 기사를 따라잡을 수 있는 분야는 많지 않을 것이다.

그래서 알파고와 이세돌 바둑 시합의 결과가 충격적인 것이다. 알파고의 승리는 인공지능이 인간의 전문적인 두뇌작용 능력을 모두 넘어선다는 것을 의미한다. 어려서부터 평생 바둑만 생각해온 프로 바둑 기사보다 알파고가 우수하다는 것은, 대학에 입학한 이후부터 의학 정보를 배우기 시작한 의사나 로스쿨에 들어간 이후부터 법률 공부를 시작한 법조인 등 성인이 된 이래로 자기 분야를 본격적으로 공부하기 시작한 전문가들의 판단보다 알파고의 판단이 훨씬 더 우수하다는 것을 의미한다. 인간의 경험이 대량의 자료로 축적돼 있는 분야이기만 하면 알파고는 인간의 능력을 넘어선다.

알파고 개발 이후 병을 진단하는 데 인공지능이 사용되고, 재판에서도 인공지능이 사용됐다. 투자 분야에서도 인공지능이 이용되고 있다. 이 분야들은 축적된 자료가 많으며 그동안 인간이 각각의 경우에 어떻게 판단하고 그 결과가 어떠했는가 하는 경험적 지식 역시 자료로 축적되어 있다.

외국에서는 이미 암을 진단하는 인공지능 왓슨이 개발되어 사용되고 있다. 왓슨의 암 진단 정확도는 96%이다. 반면 의사들의 진단 정확도는 약 70~80%이다. 중요한 것은 왓슨이 지금도 계속 쏟아지는 의학 논문 정보를 습득하고 있다는 점이다. 암 치료 방법과 그 결과물이 자료화되어 계속 왓슨에게 입력되고 있다. 현재 왓슨의 암 진단 정확도는 96%이지만 그 비율은 앞으로 계속 증가할 것이다. 반면 의사들의 진단 정확도가 그리 높아질 것으로 기대되지는 않는다. 앞으로 왓슨과 의사들의 차이는 계속 벌어질 것이다.

그렇다면 4차 산업혁명을 주시하는 한국에서도 왓슨과 같은 의료 진단기가 만들어질 수 있을까? 왓슨은 이미 한국의 병원에서 사용되고 있다. 암 진단의 경우는 미국보다 좀 늦었지만, 병은 암만 있는 것이 아니다. 암 이외에도 수많은 병이 있다. 이런 병들에 대해 진단할 수 있는 인공지능이 한국에서 새로 만들어질 수 있을까? 아니다. 개인정보 보호와 관련된 규제 때문이다.

병을 진단하는 인공지능이 제대로 만들어지기 위해서는 일단 많은 자료와 풍부한 경험 지식이 필요하다. 의학 지식에 대한 빅데이터, 그리고 인간이 병을 치료한 경험에 대한 빅데이터가 필요하다. 이 두 가지만 있으면 인공지능이 무언가를 배우기 시작할 수 있다.

전 세계 의학 논문 자료는 모두 공개되어 있다. 문제는 환자 치료 정보다. 한국은 건강과 관련된 정보에 민감하여, 일반 정보보다

개인정보보호법 제23조(민감정보의 처리 제한)

① 개인정보처리자는 사상·신념, 노동조합·정당의 가입·탈퇴, 정치적 견해, 건강, 성생활 등에 관한 정보 (생략) 를 처리하여서는 아니 된다. 다만, 다음 각 호의 어느 하나에 해당하는 경우에는 그러하지 아니하다.

1. 정보주체에게 (생략) 다른 개인정보의 처리에 대한 동의와 별도로 동의를 받은 경우

훨씬 더 높은 보호를 적용한다.

건강이나 병 치료와 관련된 정보는 모두 민감정보로 분류된다. 각 환자에게 미리 동의를 받은 경우, 법령에서 인정하는 경우에만 건강 관련 정보를 이용할 수 있다. 앞으로는 환자에게 미리 정보를 이용하겠다는 동의를 받을 수 있을 것이다. 하지만 수십 년 동안 쌓아 놓은 이전의 정보는 이용할 수 없다. 빅데이터가 만들어지려면 수십 년의 자료들이 필요하다. 그 말은 향후 수십 년 동안 한국에서 진단용 인공지능이 개발되기 어렵다는 이야기다.

병과 관련된 일반 통계 자료는 이용할 수 있다. 개인정보가 식별되지 않도록 가공한 정보, 누가 누군지 알 수 없도록 처리한 정보는 이용할 수도 있다. 하지만 의사들이 진료 업무를 볼 때 단순히 환자에게 현재 어디가 아픈지만 물어보지는 않는다. 이전에 어떤 병을 앓았는지, 술과 담배는 하고 있는지, 가족 중에 아픈 사람은 없는지 등을 자세하게 물어본다. 인공지능 진단기를 만들 때도 이런 정보들이 모두 필요하다. 환자 개인의 병력만이 아니라 환자의 모든 가족들의 정보, 심지어 유전적 정보까지 필요하다.

다른 나라들처럼 이 정보를 가명으로 처리하거나 개개인을 식별하지 못하도록 가공처리하면 되지 않을까? 한국에서는 쉬운 일이 아니다. 한국의 의료 정보는 모두 주민등록번호를 기반으로 만들기 때문이다. 병원만이 아니라 약국도 주민등록번호를 기반으로 정보를 기록한다. 이렇게 모든 의료 정보가 주민등록번호와 연결되어 있으므로 어떤 이에게 어떤 병이 있는지 파악하는 것이 가능해진다. 빅데이터를 만들 때 이 정보들이 누출되거나 해킹되면 그 결과는 엄청나다. 포털 사이트에서 개인정보가 해킹당하고 SNS에서 개인정보가 누출되는 것과는 차원이 다르다.

의사들을 능가하는 병 진단 인공지능을 만들기 위해서는 환자의 병과 관련된 모든 정보가 필요하다. 병에 대한 정보만 있어도 되긴 하다. 그러나 한국에서는 병과 관련된 정보 이외의 많은 정보들이 주민등록번호와 연결되어 있으므로 정보를 함부로 사용하기 힘들다. 빅데이터 업계에 정보를 넘겨서 진단 프로그램을 만드는 데에 이용하는 것은 꿈도 꿀 수 없다. 설사 그 정보를 사용하더라도 절대로 이 환자가 누구인지 파악할 수 없도록, 역으로 추적이 불가능하도록 정보를 가공해야 한다. 하지만 그렇게 여러 사항들이 빠진 정보는 빅데이터로서의 가치가 크게 떨어질 수밖에 없다. 이래서는 외국보다 더 나은 진단용 인공지능이 만들어지기 어렵다. 이 부분에서 한국이 4차 산업혁명의 선두에 나서는 것은 요원한 일이다.

6장

규제혁신과 4차 산업혁명

온라인 자동차 경매업자도
주차장이 있어야 한다?

2016년 1월 초, 헤이딜러Heydealer가 폐업한다는 기사가 보도되었다. 헤이딜러는 중고 자동차 온라인 경매 회사다. 자동차를 팔려는 사람이 헤이딜러 사이트에 자신의 차를 등록하면 중고 자동차 딜러들이 등록된 차를 보고 원하는 구매 가격을 부른다. 자동차 소유자는 가장 높은 가격을 부른 자동차 딜러에게 차를 팔 수 있다.

중고 자동차 딜러에게 가장 중요한 일 중 하나는 좋은 중고 자동차를 구하는 것이다. 우선 중고 자동차를 구해야 팔 수 있는데 구하기가 쉽지 않다. 그래서 중고 자동차 경매장이 존재한다. 하지만 중고 자동차 경매장을 이용하려면 판매자가 차를 경매장으로 갖고 가야 한다. 구매자 역시 중고 자동차 경매장에 자주 찾아가야 한다. 이런 중고 자동차 경매장은 전국에 몇십 곳밖에 없어서 접근성이 높지 않다. 이런 어려움을 해결해 준 것이 헤이딜러다. 헤이딜러는 온라인에서 중고 자동차 경매를 가능하게 했다. 판매자는 더욱 높은 가격에 팔 수 있고, 구매자는 더욱 쉽게 중고 자동차를 구할 수 있었다.

헤이딜러는 서울대의 창업동아리 학생들이 만든 회사다. 2014년 9월에 창업해서 1년 만에 300억 원 이상의 매출액을 올리며 대표적인 스타트업 기업 성공사례로 소개되었다. 그런데 헤이딜러는 2016년 1월 5일 자로 폐업을 한다고 공지를 했다. 사업이 잘 되지 않아서 폐업을 하는 것이 아니었다. 규제 때문이었다.

자동차관리법 제60조에서는 자동차 경매장을 개설하여 운영하려면 일정한 시설 기준 및 인력 기준 등을 갖추도록 규정하고 있다. 시행규칙에 제시되어 있는 시설 기준은 다음과 같다.

시설구분	기준면적
주차장	3,300㎡ 이상
경매실	200㎡ 이상
사무실	-
성능점검검사시설	50㎡ 이상

〈자동차경매장의 시설기준 및 인력기준〉

자동차 경매장을 운영하기 위해서는 3,300m^2 이상 넓이의 주차장, 200m^2 이상의 경매실, 사무실, 50m^2 이상의 성능점검·검사 시설을 구비해야만 한다. 이외에 검사 책임자와 검사원을 긱각 1명 이상씩 고용하도록 하고 있다.

2015년 12월 28일, 이 법이 개정되었다. 온라인 자동차 경매도 이 법을 따라야 하며 만약 이 규정을 지키지 않을 시에 3년 이하의 징역 또는 3,000만 원 이하의 벌금을 부과하겠다는 규정이 추가되었다. 과태료가 아니라 징역, 벌금이다. 전과자가 된다는 뜻이다. 헤이딜러 는 온라인에서만 서비스를 제공하는 회사이다. 그런데 이 온라인 회 사에 대해서도 3,300㎡ 이상의 주차장, 200㎡ 이상의 경매실을 마 련하라는 것이었다. 수도권에서 3,300㎡ 이상의 주차장을 마련할 수 있는 사업자는 많지 않다. 구매가 아닌 임대라고 하더라도 쉽지 않 다. 임대한 땅에서 이익이 난다면 몰라도, 온라인 사업을 하는 회사 에는 매출과 아무런 관련이 없는 땅이다. 하지만 이런 규모의 주차장 을 마련하지 않으면 전과자가 된다고 하니 어쩔 수 없는 일이다. 헤 이딜러는 폐업을 한다는 공시를 했다.

이 사실이 언론에 알려지면서 비판 여론이 형성됐다. 온라인 사 업자에게 3,300㎡ 이상의 주차장을 마련하라는 것은 누가 봐도 이상 하다. 국토교통부 장관도 과도한 규제라는 의견을 냈다. 그러자 국토 교통부는 법률을 다시 개정해서 헤이딜러의 영업에 문제가 없게 하 겠다고 발표했다. 정부가 온라인 중고 자동차 경매업자를 처벌하는 규정을 당분간 적용하지 않기로 하여 헤이딜러는 2016년 2월 말에 다시 영업을 시작할 수 있었다. 언론에 알려진 것은 여기까지다.

그런데 그 후, 정말로 이 문제가 해결되었을까? 지금 온라인 중고 자동차 경매업자는 3,300㎡의 주차장을 만들지 않아도 될까? 그렇지 않다. 헤이딜러 사건이 발생한 지 2년이 훨씬 넘었지만 그 규제는 아직 그대로다(2018년 11월 기준).

정부에서 온라인 자동차 경매업자에게 주차장을 마련하지 않아도 된다는 개정안을 준비하기는 했다. 하지만 이런 규제 완화는 기존 중고 자동차 경매업자들의 반발을 일으켰다. 이들은 규정을 지키기 위해 큰 비용을 들여 3,300㎡ 이상의 주차장을 마련해서 영업하는 사람들이었다. 그런데 오프라인에서 영업을 하려면 3,300㎡ 이상을 마련해야 하는데 온라인으로 영업을 하면 주차장을 마련하지 않아도 된다? 이건 오프라인 사업자에게는 말도 안 되는 일이었다.

결국 온라인 중고 자동차 경매업자 역시 3,300㎡ 이상의 주차장을 마련할 수밖에 없게 되었다. 대신에 헤이딜러가 또다시 폐업하지 않도록 '온라인 자동차 매매 정보제공업'이 새로 법률에 규정되었다. 헤이딜러는 어디까지나 온라인에서 자동차 매매의 정보 제공만 할 뿐이다. 중고 자동차 경매를 해선 안 된다.

헤이딜러가 규제에도 불구하고 살아남을 수 있었던 이유는 언론에 크게 보도되고 사회적으로 이슈가 되었기 때문이다. 2016년 1월 초에 이 사건이 언론에 보도되지 않았다면 헤이딜러는 그대로 폐업할 수밖에 없었다. 헤이딜러는 운이 좋아서 살아남았을 뿐이다. 온라인을 이용하는 새로운 사업을 시도했다가 사회에 알려지지 않은 채 이런 식으로 사라진 기업들이 그동안 얼마나 많을까?

이 규제에서 가장 중요한 부분은 자동차 경매업을 하는 모든 사업자는 $3,300 m^2$ 이상의 주차장을 마련하라는 내용이다. 이 부분이 없었다면 헤이딜러도 문제 될 것이 없었다. 하지만 이것이 사회적 이슈가 되었음에도 규제 자체는 사라지지 않았다. 규제는 힘이 세다. 4차 산업혁명으로 나타나는 새로운 사업보다 규제가 더 힘이 세다. 그래서 문제인 것이다.

주 52시간 근무제에서
4차 산업혁명이 가능할까?

한국은 2018년 7월부터 주 52시간 근무제를 시행했다. 근로기준법이 개정됨에 따라 주 52시간 근무제는 강제적인 규제가 되었다.

물론 2018년 7월 이전에도 근무시간 제한이 있었다. 근로자는 주 68시간 이상 근무할 수 없었다. 하지만 7월 이전의 68시간 근무제는 강제 사항이라기보다 일종의 지침이었다. 당사자 간의 협약에 의해서 조정할 수 있었고, 이런 근무시간 제한이 적용되지 않는 업종들이 많았다. 노동량이 많은 문화산업 근로자, 음식점, 버스 운전사 등의 근로자에게는 추가 근무가 인정되었다.

개정된 주 52시간 근무제가 강력한 이유는 처벌 조항이 생겼기 때문이다. 이전에는 직원들이 근무시간을 초과하면 기업에 과태료, 과징금이 부과되었다. 따라서 직원들을 더 근무하게 했을 때의 이익과 과태료를 냈을 때의 손실을 비교해서 근무 시간이 늘어나는 게 더 이익이면 근무시간을 연장할 수 있었다. 하지만 이제는 아니다. 주 52시간 근무를 위반하면 '2년 이하의 징역 또는 2,000만 원 이하의 벌금'이라는 처벌을 받아야 한다. 과태료 정도가 아닌 벌금이나 징역이 부과된다. 벌금, 징역은 형사처벌이다. 경찰, 검찰에 불려가서 조서를 쓰고 재판을 받게 된다는 뜻이다. 벌금형을 받으면 전과자가 된다. 혹은 감옥에 갈 수도 있다. 이것은 과태료와 수준이 다르다.

주 52시간 근무제에도 적용 특례가 있기는 하다. 육상운송, 항공운송, 수상운송 등 운송업 부문, 그리고 간호사, 의사와 같은 보건업 종사자 등이다. 이전에는 26개 업종에서 특례가 인정되었지만 지금은 5개로 줄었다. 주 52시간 근무제는 이제 한국 근로 문화에서 일상적인 규범이 될 수밖에 없다.

주 52시간 근무제 자체는 반대할 수 없다. 한국 근로자의 근로 시간이 워낙 길었기 때문이다. 한국인의 노동 시간은 언제나 세계 최다 수준이었다. 이것은 국제 통계를 끌어들여 설명할 것도 없다. 정식 출근 시간이 9시라고 해도 7시 출근, 8시 출근이 일상적으로 이루어지고 있다. 퇴근 시간이 6시라고 하지만 실제 6시에 제대로 퇴근할 수 있는 직장은 거의 없다. 매일 야근을 하고 주말에도 일하는 것이 당연시되었다. 집에서 지내는 시간보다 회사에서 지내는 시간이 절대적으로 많은 것이 한국의 현실이다. 주 52시간 근무제는 한국의 과도한 노동 문화를 개선할 수 있을 것이다.

문제는 이 근무제가 너무 경직되게, 그리고 너무 강력하게 시행된다는 점이다. 한국의 근로자는 새로운 근무제도가 적용되면 복지도 좋아지고 여가 문화도 좋아질 것이다. 하지만 한국이 4차 산업혁명에서 주도적 역할을 하는 것은 어렵게 될 것이다. 외국의 4차 산업혁명을 뒤에서 따라가는 정도는 할 수 있지만 세계의 4차 산업혁명을 선도한다거나, 세계의 선두 그룹을 차지하는 일은 불가능하다. 새로운 산업을 만들어내려면 주 52시간만 일을 해서는 어림도 없기 때문이다.

LED 산업을 개발시킨 사람은 일본 니치아화학Nichia에서 연구원으로 근무했던 나카무라 슈지Nakamura Shuji였다. 나카무라 슈지는 당시 모든 이들이 불가능하다고 했던 청색 LED를 개발해서 노벨상을 받았다. 이전에는 노란색 LED, 빨간색 LED는 있어도 청색 LED는 없어서 여러 색을 만들어내는 것이 불가능했고 LED를 조명기구로 사용하기 어려웠다. 그런데 나카무라 슈지가 청색 LED를 만들어 노란색, 빨간색, 청색의 3원색이 활용되면서 모든 색을 만들 수 있게 되었다. 현재 거대 산업으로 성장한 LED 산업은 이렇게 니치아 화학의 연구원 손에 의해 탄생했다.

나카무라 슈지는 회사에서 강제하지도 않았는데 새벽에 출근해서 밤늦게까지 청색 LED 개발을 위해 노력했다. 매일매일, 주말도 거의 쉬지 않고 4년 동안 개발 연구를 했다. 나카무라 슈지의 노동시간을 재는 것은 무의미하다. 그는 정말 눈만 뜨면 일을 했다. 그 정도의 시간을 투자했기 때문에 노벨상이라는 업적을 이룬 것이다.

하지만 현재의 한국이라면 나카무라 슈지 같은 사람은 나오지 않는다. 주 52시간 근무제에서 나카무라 슈지처럼 밤늦게까지 일하는 사람을 회사는 인정할 수 없다. 직원이 계속 일하도록 내버려두면 관리자는 처벌받을 수 있다. 해당 직원을 출입 금지 하고, 연구실의 전기를 끊어서라도 무조건 집으로 돌려보내야 한다. 집에서 연구하는 것도 막아야 한다. 이런 직원은 일과 자기 생활의 균형을 맞출 수 있을 것이다. 하지만 나카무라 슈지처럼 LED 산업을 일으키고 세계 LED의 주도 기업으로 만드는 일은 힘들다.

미국은 회사 업무와 개인 생활 간에 균형이 이루어져 있다고 한다. 하지만 개인 생활은 거의 없고 회사에서 업무를 보는 시간이 대부분인 분야가 있다. 우선 실리콘 밸리 스타트업 회사들이 그렇다. 이미 안정적인 대기업에 취직해서 행정적인 처리를 하는 직원들이야 워라벨Work and Life Balance이 가능하지만, 새로운 상품을 개발하고 기업을 일으키려는 스타트업 기업들의 근무 시간은 엄청나다. 한국보다 더 긴 시간 근무하는 기업들도 많다. 새로운 아이디어에 대한 논문을 계속 발표해야 하는 대학의 조교수들도 하루 15시간 이상 업무를 보는 것이 기본이다. 물론 연구를 거의 하지 않고 기본적인 일만 하는 교수들도 많다. 하지만 세계적으로 영향을 미치는 논문을 발표하는 교수들은 매일매일 연구만 하는 사람들 중에서 나온다.

이미 산업이 정립되고 주어진 일만 하는 경우, 정형화된 일이 위주인 경우에는 하루 8시간만 일을 해도 충분히 성과를 낼 수 있다. 하루 8시간만 충실히 일한다고 해도 훌륭하고 성실한 근로자이고 사회에 충분히 기여 할 수 있다. 하지만 새로운 것을 만들어내는 분야는 그렇지 않다. 혁신은 그리 쉽게 만들어지지 않는다. 정말 모든 것을 다 퍼부어야 될까 말까 하는 것이 혁신이고 새로운 산업 개발이다.

그래서 외국에서는 근로자에 따라 근무 시간이 다르다. 혁신과 큰 관계 없는 기업이나 근로자는 일과 자기 생활의 균형을 맞추면서 워라밸을 추구한다. 하지만 혁신 분야에서 일하는 사람들은 개인 생활을 희생하고 일에 몰두한다. 그럴 수밖에 없다. 혁신 분야에서는 개인 생활과 일을 동등하게 추구했다간 자기 분야에서 성공할 수 없다. 혁신을 만들려고 하는 회사와 근로자들은 누가 시키거나 말거나 일에 몰두한다. 그런 기업들 중에서 4차 산업혁명을 이끄는 기업이 탄생한다.

한국은 주 52시간을 강제하고 있다. 모든 기업과 근로자는 52시간 이상 일을 해서는 안 된다. 기업이나 근로자가 원해도 더 일할 수 없다. 1차, 2차, 3차 산업혁명에 해당하는 기업, 근로자들에게는 좋은 일이다. 근로자들의 권익이 보호되고 개인 생활을 더 많은 시간 할 수 있게 될 것이다. 하지만 그 대가도 알고는 있어야 한다. 주 52시간만 일을 해서는 세계적으로 혁신적인 상품, 혁신이 나올 수 없다. 세계를 선도하는 기업, 산업도 나올 수 없다. 그런 연구자, 근로자도 나올 수 없다. 세계에서 4치 산업혁명을 선도하려는 꿈은 버려야 한다.

규제 프리존법이 시행되면
달라질까?

2차, 3차 산업혁명기에 만든 규제들이 현재 한국에서 4차 산업혁명 산업이 개발되는 걸 어렵게 만들고 있다. 그 당시에는 최적화된 규제라고 만들어놓은 것들이 4차 산업혁명과는 계속해서 부딪히고 있다.

정부도 이 사실을 알고 있다. 그래서 정부가 추진하고 있는 4차 산업혁명에 맞는 규제개혁 방안이 있다. 바로 규제 프리존법이다. 4차 산업혁명은 어느 한 산업 부문에서 일어나는 변화가 아니라 상당히 다양한 부문에서 일어난다. 하지만 우리나라에서 법령, 규제는 각각의 산업 단위로 만들어져 있다. 4차 산업혁명에 영향을 받는 산업 단위마다 법령 규제를 모두 다 바꾸는 것은 상당히 어렵다. 그래서 정부는 규제 프리존법을 고안했다. 이 법은 4차 산업혁명으로 인정되는 사업 분야에 대해 기존 규제를 적용하지 말자고 정하는 것이다.

샌드박스란 모래를 담는 상자이다. 어린이들이 이 모래가 담긴 샌드박스 안에서 놀면 넘어지더라도 크게 다치지 않는다. 규제 샌드박스란 어린이들의 샌드박스처럼 일정 지역이나 영역내에서만 사업을 시행하도록 정하는 것이다. 전국적으로 규제를 완화하는 것은 사회에 부작용이 클 수 있다. 그러니 일정 지역에서만 규제를 완화하는 방식이다. 일정 지역에서 제대로 사업이 이루어지고 부작용이 크지 않으면, 그다음에 전국적으로 사업이 퍼질 수 있도록 한다. 하지만 부작용이 더 크면, 사업을 더는 확대하지 않는다. 만약 문제가 발생해도 피해가 최소화된다. 이런 식으로 규제를 완화 하려는 것이 규제 샌드박스 제도이다.

규제 샌드박스 내에서는 새로운 사업이 보다 용이하게 이루어진다. 기존 규제와 관계없이 새로운 제품을 만들어서 출시할 수 있다.

그런데 정말 그럴까? 외국에서는 규제 샌드박스가 새로운 사업이 발전하는 데 정말 크게 기여를 한다. 하지만 한국에서도 그럴까? 그렇지 않다. 현재 대표적인 규제 샌드박스 관련 법인 산업융합촉진법의 규정을 살펴보자(2018년 9월 국회 통과, 2019년 1월 17일 시행).

산업융합 촉진법

제10조의3(실증을 위한 규제특례) ① 산업융합 신제품 · 서비스를 시험 · 검증하기 위한 목적으로 사업을 하려는 자는 (생략) 산업통상자원부 장관에게 해당 산업융합 신제품 · 서비스의 실증을 위한 규제특례를 신

청할 수 있다.

③ 산업통상자원부장관은 제1항에 따른 신청이 있는 경우 그 신청내용을 관계 행정기관의 장에게 통보하여야 하며, 관계 행정기관의 장은 해당 신청 내용을 검토하여 그 결과를 30일 이내에 산업통상자원부장관에게 문서로 회신하여야 한다.

위에서 제10조의3, 1항 '규제특례를 신청할 수 있다'라는 부분이 규제 샌드박스를 인정한다는 말로 풀이될 수 있다. 이것만 보면 한국에서 규제 샌드박스가 인정되는 것으로 보인다. 그런데 단서 조항들이 있다. 첫 번째가 3항, '관계 행정기관의 장이 이 사항을 검토한다'는 점이다. 이 조항에 따라 의료 관련 부분은 보건복지부가 검토하고, 운송 부분은 국토교통부가 검토한다. 게임 관련 사업이라면 문화관광부가 규제 샌드박스를 인정할 것인지의 여부를 검토한다.

2002년, 정부는 경제자유구역을 만들었다. 송도, 영종, 청라, 부산 진해, 광양만을 경제자유구역으로 지정해서 이 안에서는 규제를 예외적으로 적용했다. 하지만 이 당시 경제자유구역에서 실제로 규제가 완화되지 않았다. 그 이유는 규제를 완화할 것인가의 여부를 '관계 부처'와 협의하도록 했기 때문이다. 송도 등 경제자유구역 담당 부서에서는 규제를 완화하고자 했다. 하지만 규제 완화는 스스로 할 수 없었다. 규제 권한을 가지고 있는 관계 부처와 협의를 하고 인정을 받아야 했다. 하지만 어느 관계 부처의 허락도 받지 못했다. 결국 규제 없는 경제자유구역이라는 것은 공염불이 되었다.

2018년, 한국의 4차 산업혁명 주도 부서와 지자체는 규제 샌드박스로 규제 완화를 하려 한다. 그런데 여기에도 똑같은 단서 조항이 붙는다. 한국에서 그동안 관계부처가 자기 권한을 내려놓고 다른 부서에 권한을 넘기거나 지자체에 넘긴 적은 거의 없다. 즉, 규제 특례를 인정한 적이 별로 없다. 이것이 실제 규제 특례가 이루어져 규제 샌드박스가 만들어지기 힘든 이유다.

또 규제자유특구 및 지역특화발전특구에 대한 규제특례법에서는 규제 샌드박스와 관련해서 다음과 같이 규정하고 있다.

규제자유특구 및 지역특화발전특구에 관한 규제특례법

제4조(우선 허용·사후규제 원칙 등)

① 국가와 지방자치단체는 국가발전 및 지역경제 활성화를 위하여 혁신사업 또는 전략산업등을 허용하는 것을 원칙으로 한다. 다만, 신기술을 활용하는 사업이 국민의 생명·안전에 위해가 되거나 환경을 현저히 저해하는 경우에는 이를 제한할 수 있다.

규제 샌드박스를 위해 신기술을 활용한 사업을 할 수는 있지만, 국민의 생명, 안전에 위해가 되는 경우에는 제한한다는 것이다. 그런데 어떤 사업이 국민의 생명, 안전에 위해가 되지 않을까? 자동차는 인간의 생명과 안전에 위협석이다. 1년 동안 몇십만 명이 자동차 때문에 사망하거나 다친다. 비행기도, 자전거도 생명과 안전에 위해가 된다. 길거리에서 노점상 장사를 해도 행인들이 어딘가에 걸려 넘어질 수 있어 안전 문제가 발생한다.

새로운 산업이 나타나면 그 편익이 인정되고 사회에 보급되기 전부터 안전, 위험이라는 부분이 문제시된다. 자동차가 발명되었을 때도 사람이 자동차에 치이는 것이 먼저 이슈가 되었고, 이메일이 발명되었을 때 스팸 광고 메일, 포르노 광고 메일이 수신함을 채웠다. 자동차의 편리성, 이메일의 장점이 거론되기 전에 그 위험성이 먼저 논란이 되었다. 지금과 같은 규제특례법에서의 규제 조항이 그 당시에 있었다면, 자동차도, 인터넷도 보급될 수 없었을 것이다.

사업을 하는 사람은 그 사업을 계속할 수 있다는 보장이 있어야 위험 부담을 안고 사업을 시작할 수 있다. 그런데 위 조항은 정부가 사업 자체를 언제든지 금지할 수 있게 만든다. 문제가 발생했을 때 바로 사업 자체가 불가능해질 위험이 있다면 사업을 시작하기 쉽지 않다. 이런 식의 단서조항들이 붙어 있는 한 실제 규제 샌드박스는 작동하기 어렵다.

대통령이 규제 완화 혁신에
적극적으로 나섰다?

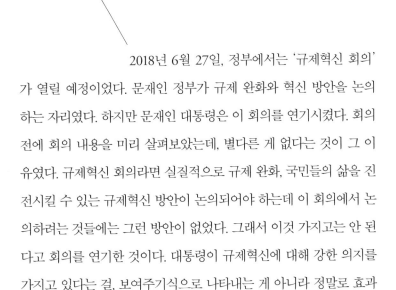

2018년 6월 27일, 정부에서는 '규제혁신 회의'
가 열릴 예정이었다. 문재인 정부가 규제 완화와 혁신 방안을 논의
하는 자리였다. 하지만 문재인 대통령은 이 회의를 연기시켰다. 회의
전에 회의 내용을 미리 살펴보았는데, 별다른 게 없다는 것이 그 이
유였다. 규제혁신 회의라면 실질적으로 규제 완화, 국민들의 삶을 진
전시킬 수 있는 규제혁신 방안이 논의되어야 하는데 이 회의에서 논
의하려는 것들에는 그런 방안이 없었다. 그래서 이것 가지고는 안 된
다고 회의를 연기한 것이다. 대통령이 규제혁신에 대해 강한 의지를
가지고 있다는 걸, 보여주기식으로 나타내는 게 아니라 정말로 효과
가 있는 규제혁신을 요구한다는 강력한 신호였다.

2018년 7월 19일에는 대통령이 직접 의료기기 규제혁신 정책 발
표장에 참석했다. 한국에는 의료기기 규제가 많다. 외국에서 이미 개

발되어 사용하고 있는 의료기기를 한국에 들여와서 판매하기도 쉽지 않고, 한국에서 개발한 의료기기를 상업화하는 것은 더욱더 어렵다. 외국에서 인정받은 앱으로 신체 상태를 진단하는 것조차 한국에서는 쉽지 않다. 대통령은 의료기기에 대한 규제혁신을 요구했고, 그 자리에서 보건복지부 등은 규제혁신 방안을 약속했다. 의료기기에 대해 포괄적 네거티브 방식을 적용하겠다는 '의료기기 인허가 규제 전면 개편안'을 발표한 것이다.

지금까지는 개발된 의료기기의 안전성이 확보될 때까지 기기를 사용할 수 없도록 했다. 소위 포지티브 방식의 규제다. 이제는 의료기기를 먼저 사용하도록 하고 후에 문제가 생기면 대응하는 방식으로 바뀌었다. 이는 네거티브 방식의 규제다.

대통령이 이렇게 적극적으로 규제혁신에 앞장서면 미래가 달라지지 않을까? 지금 4차 산업혁명을 가로막고 있는 규제들이 다 바뀔 수 있지 않을까? 최소한 의료기기 부문에서라도 규제가 완전히 달라지지 않을까?

이명박 전 대통령 역시 규제혁신을 이야기했었다. 대표적인 사례가 '대불공단의 전봇대'다. 목포 대불공단 앞에는 대형 트럭들이 커브를 도는 길목에 전봇대가 있었다. 대형 트럭들이 오가는 자리이다 보니 전봇대에 부딪힐 염려도 있고, 전깃줄에 걸릴 위험도 높았다. 공단 입주 기업들은 전봇대를 없애고 전깃줄을 지하에 묻어달라고 요구했다. 하지만 도청에서는 권한이 없어서 안 된다고 했고, 시청에서도 안 된다고 했다. 산업부에서도 곤란하다고 했다. 대형 트럭이 오가는 길목에 전봇대, 전깃줄이 있어서 위험하다는 것은 모두가 다 인정했지만 개선은 되지 않았다. 업체들은 무려 5년 동안 문제 해결을 요구했지만 아무런 조치도 없었다. 바로 이 사례를 이명박 대통령이 이야기하면서 본인이 대불공단을 직접 방문하겠다고 말했다. 그러자 바로 이 문제가 해결되었다. 5년 동안이나 해결되지 않았는데, 이명박 대통령의 이야기가 나온 지 3일 만에 전봇대가 뽑혔다.

대통령이 말하니 문제가 해결되었다. 그런데 중요한 점은 대통령이 직접 언급한 전봇대만 뽑혔을 뿐이다. 다른 규제들이 개선된 것이 아니다. 이명박 전 대통령 정권 당시에 한국에서 규제혁신이 이루어졌다고 말하는 사람은 없다. 그저 전봇대가 뽑히는 유명한 에피소드가 만들어졌을 뿐이다.

이명박 전 대통령뿐만 아니라 김영삼 정부 이래 모든 대통령들이 규제혁신을 이야기했다. 하지만 정부의 규제는 점점 더 늘어나고 있을 뿐이다. 대통령들이 규제 완화를 하고 규제 방법을 바꾸겠다고 선언했지만 규제는 바뀌지 않았다. 단지 대통령이 직접 언급한 몇몇 사례의 문제만 해결되었을 뿐이다.

한 국가의 대통령이 규제혁신에 대해 관심을 표시하는데도 왜 규제 시스템은 바뀌지 않을까? 그 이유는 간단하다. 규제는 기본적으로 법률 규정에서 출발한다. 그런데 법률을 만드는 것은 국회이다. 즉, 규제의 본질적인 생산자는 국회다. 대통령이 아니다. 대통령은 법률을 바꿀 수 있는 권한이 없다. 법률에 대해 제안만 할 수 있을 뿐이다. 어떤 법률 규정이 만들어져야 하고 어떻게 바뀌어야 하는가는 국회의원들이 논의해서 국회에서 제정한다. 대통령이 아무리 많이 언급해도 대통령이 하는 말에 따라 법률이 바뀌지 않는다.

대통령의 재량이 가능한 분야가 있기는 하다. 명령과 고시 등이다. 하지만 명령은 기본적으로 법률에 위임 근거가 있어야 한다. 법률에서 규정한 사항, 법률에서 위임한 것을 넘어서는 내용을 넣을 수 없다. 법률에서 안 된다고 했는데 명령에서 된다고 하는 건 본질적으로 불가능하다. 그래서 행정기관에서 할 수 있는 규제혁신은 한계가 있다. 근본적인 부분은 건드리지 못한다. 단지 세세한 세부 사항만 건드릴 수 있다.

허가 기간이 1년 걸리는 일을 100일 내로 줄이겠다는 정도는 가능하다. 그러나 허가제를 신고제로 바꾸는 식의 변경은 불가능하다. 또한 명령을 변경할 수 있다고 하더라도 기존의 규정을 바꾸는 일이란 굉장히 어렵다. 실무자가 엄청난 양의 자료를 마련하고 규정을 변경해야 하는 이유를 관련자들에게 설득시켜야 한다. 규제를 바꾸려면 수많은 노력을 해야 하지만 가만히만 있으면 그런 노력은 하지 않아도 될 것이다. 규제 대상이 되는 기업이나 시민 입장에서야 규제가 큰 부담이지만, 담당 공무원 입장에서는 그렇지 않다. 오히려 규제를 바꾸는 것이 업무 부담이다. 대통령이 직접 언급한 규제는 바꿔도 언급되지 않은 것까지 알아서 바꿀 필요는 없는 것이다.

2018년 7월 19일 대통령이 직접 언급한 의료기기 관련 규제 사례를 보자. 소아 당뇨의 경우 하루에 10여 차례 혈당을 측정하고 문제가 생기면 바로 환자에게 인슐린을 투여해야 한다. 그런데 혈당을 측정하려면 혈액을 채취해야 한다. 어린이 손가락에 하루 10번 이상 바늘을 찔러 피를 뽑아야 하는 것이다. 이 점이 고민됐던 한 부모가 자식을 위해 해외에서 피를 뽑지 않고도 혈당을 측정할 수 있는 기기를 구입했다. 그리고 같은 병을 앓고 있는 환자들을 위해 기기를 대신 구입해 주었다. 우리나라 정부가 허가하지 않은 의료기기를 개인이 수입해서 사용하고 주변 사람들에게까지 전달한 것은 명백히 의료기기법 위반이다. 이 부모는 경찰, 검찰에 7차례 불려가 조사를 받고 기소유예 처분을 받았다. 기소유예는 당장 처벌되지 않을 뿐, 기본적으로 유죄 판결이다. 초범이면 한 번은 용서해 주겠지만 만약 구매한 기기가 고장 나서 또 해외에서 구매한다면 그때는 처벌받을지도 모른다.

이것이 불합리하다는 비난이 발생하자 정부 측에서 개선안을 발표했다. 의료기기를 개인이 자유롭게 수입해서 이용할 수 있다는 내용은 아니었다. '환자의 요청이 있으면 식품의약품안전처 산하 한국의료기기안전정보원이 직접 의료기기를 수입해 환자에게 공급'하겠다는 내용의 개선안이다.

이 개선안에 의하면 환자가 원하는 기기에 대한 정보를 찾아내서 구매를 요구해야 한다. 환자가 직접 구입하면 안 되고, 한국의료기기

안전정보원이 구해 주는 방식이다. 요구를 한다고 해서 바로 구매해 주는 것은 아니다. 이 기기가 환자에게 정말 꼭 필요한 것인가, 한국에서 판매되고 있는 기기만으로는 왜 안 되는가, 해외의 기기가 정말로 안전한가 등의 문제들을 증명해야 한다는 조건이 붙는다.

이것이 진정한 의미의 규제혁신일까? 외국에만 판매되던 의료기기 때문에 힘들어했던 환자들의 어려움이 앞으로 사라질 수 있을까? 이 문제의 핵심은 소아 당뇨 환자의 부모가 경찰, 검찰로부터 조사를 받았다는 것이 아니다. 해외에서 사용되고 있는 의료기기를 한국에서 구입하기 어렵다는 것이 핵심이다. 규제가 변경되었으므로 앞에서 소개한 소아 당뇨 환자의 부모는 처벌 받지 않을 것이다. 하지만 한국에는 없고 해외에만 있는 의료기기 구매의 어려움은 여전히 발생한다.

그렇기 때문에 대통령이 규제혁신에 관심을 가지고 규제 변경을 요구한다고 하더라도 근본적으로 바뀌지 않는 것이다. 지적한 문제 하나만 해결할 뿐, 기본적인 문제는 해결되지 않는다.

규제혁신은 대통령의 의지만으로 되는 것이 아니다. 국회, 공무원, 그리고 시민단체, 국민 의식의 변경 모두 다 필요하다. 그래서 규제혁신은 어렵다. 대통령이 몇 번 관심을 표명한다고 해서 바뀔 수 있는 것이 아니다.

7장

한국의 규제는 어떻게 바뀌어야 하는가

포지티브 규제 시스템에서
네거티브 규제 시스템으로

현재 세계에서 가장 경제력이 강한 국가는 미국, 그다음이 중국이다. 일본, 독일 등이 그 뒤를 잇는다. 그런데 경제력이 순위권 안에 든다고 해도 미국과 다른 나라들 사이에는 근본적인 차이가 존재한다. 새로운 상품이나 서비스, 특히 세계적으로 영향을 미치는 혁신적인 상품을 개발하는 곳은 대부분 미국이다. 중국에도 전기자동차 기업이 있고 스마트폰 기업, 인터넷 검색 기업이 있다. 하지만 대다수 기업이 미국의 성공 사례를 보고 모방해서 성공한 케이스다. 한국의 삼성 갤럭시도 애플에서 아이폰을 출시한 이후에 이를 모델로 해서 만든 스마트폰이다.

왜 미국에서만 새로운 제품, 서비스가 개발될까? 미국인이 다른 나라 사람들보다 훨씬 더 똑똑한가? 공부를 훨씬 더 많이 하나? 장사하는 기질이 월등히 뛰어난가? 미국이 세계 제일의 강국이기는 하지만 막상 미국인들이 다른 나라 사람들보다 어떤 점에서 뛰어나냐고 묻는다면 대답할 말이 별로 없다.

세계의 혁신적인 제품들이 모두 미국에서 만들어지는 이유 중 하나는 규제 시스템 때문이다. 미국은 네거티브 규제 시스템을 택하고 있다. 반대로 유럽 국가들과 한국 등은 포지티브 규제 시스템을 택했다. 네거티브 규제 시스템하에서는 혁신이 가능하다. 하지만 포지티브 규제 시스템에서는 새로운 서비스를 만들어 내는 것이 불가능하다. 이 때문에 미국에서 혁신적인 제품들이 출시되는 것이다.

네거티브 규제 시스템은 '하면 안 되는 것'을 규정한 것이다. 규정한 것 이외의 것은 모두 해도 된다. 포지티브 규제 시스템은 '해야 하는 것'을 규정한 것이다. 규정으로 정한 것을 해야 하고, 그 이외의 것을 해선 안 된다.

회사가 직원들에게 복지비를 지급해야 한다고 가정하자. 복지비를 현금으로도, 상품권으로도 줄 수 있다. 그런데 정부가 직원들에게 현금을 직접 주는 것은 옳지 않다고 판단했다고 하자. 그러면 직원들에게 복지비로 현금을 주어서는 안 된다는 규제가 만들어진다.

이때 네거티브 규제 시스템에서는 '복지비로 현금을 주어서는 안 된다'라고 규정한다. 포지티브 규제 시스템에서는 '복지비로 상품권을 주어야 한다'는 방식으로 규정한다. 사실 두 방식의 결과는 같다. 네거티브 규제에서는 '복지비로 현금을 주어서는 안 된다'고 했기 때문에 상품권을 주고, 포지티브 규제에서는 '복지비로 상품권을 주어야 한다'고 했기 때문에 상품권을 준다. 두 경우 모두 현금은 안 되고 상품권만 된다. 겉으로 보기에는 결과가 똑같다.

문제는 장기적으로 새로운 기술이 도입될 수 있는가의 여부이다. '복지비로 현금을 주어서는 안 된다'는 네거티브 시스템에서는 현금 말고 줄 수 있는 것이 상품권밖에 없을 경우 상품권을 주겠지만 만약 가상화폐가 새로 만들어지면 가상화폐로 복지비를 줄 수도 있다. 인터넷 사이트의 포인트도 가능하다. 마일리지를 개발해서 마일리지로 주어도 된다. 현금 말고는 다 괜찮다. 새로운 지급 방법을 개발해서 적용할 수 있는 것이다.

반면 포지티브 시스템에서는 '복지비로 상품권을 주어야 한다'고 규정되어 있으니 반드시 상품권만 줄 수 있다. 가상화폐가 만들어진다고 하더라도 줄 수 없으며 마일리지도 안 된다. 불법이 돼버리기 때문이다. 이 시스템에서는 가상화폐나 마일리지가 개발되거나 발전할 수 없다. 상품권 이외의 다른 것을 개발해도 사용할 수 없다.

안정적인 사회, 평온한 사회에서는 네거티브 규제든 포지티브 규제든 결과가 '현금은 안 되고 상품권만 복지비로 지급할 수 있는 세상'이라는 점에서 똑같다. 하지만 계속해서 변화하는 사회, 역동적인 사회에서는 네거티브 규제와 포지티브 규제 간의 차이가 크다. 네거티브 규제 시스템에서는 새로운 상품, 서비스들이 계속해서 나타날 수 있다. 새로운 상품, 서비스가 개발되어 적용 돼도 모두 합법이다. 하지만 포지티브 규제 시스템에서는 새로운 상품, 서비스가 개발되어 이용되면 원칙적으로 불법이다. 미국에서는 별문제 없이 운영되는 우버, 에어비앤비, 드론 택배 등이 한국에서는 일단 모두 불법이 되는 이유가 이것이다.

물론 포지티브 규제 하에서 새로운 상품이 전혀 나오지 않는 것은 아니다. 포지티브 규제에서 '복지비로 상품권을 주어야 한다'라고 규정해도 마일리지가 개발되면 사람들은 마일리지를 사용하려고 할 것이다. 이것은 불법이니 마일리지를 사용하지 말라고 해도 계속 사용할 것이다. 만약 한국이 아닌 다른 나라에서도 마일리지를 일반적으로 사용하는 정도가 되면, 정부는 현재의 규정이 시대에 맞지 않다는 것을 인정하고 규제를 변경할 것이다. '복지비는 상품권이나 마일리지로 지급한다'와 같이 규정을 개정하는 것이다.

결국 규제가 현실의 변화를 쫓아가기는 하지만, 시간이 오래 걸린다는 점이 문제다. 그리고 규제가 바뀌기 전까지 마일리지가 합법이 아닌 위법이거나 탈법적인 상태로 운영된다는 것도 문제다. 규제 내용을 바꾼다고 해서 문제가 완전히 사라지는 것도 아니다. 가상화폐라는 새로운 방법이 나오면, 또다시 혼란이 시작된다.

네거티브 규제와 포지티브 규제는 좋고 나쁨의 문제가 아니다. 각각의 장단점이 있다. 어떤 시스템을 선택할 것인가는 그 사회가 결정할 일이다. 포지티브 규제 시스템에서는 사회가 굉장히 안정적이고 변화가 없어 예측 가능하다는 장점이 있다. 하지만 4차 산업혁명을 선도하려면 포지티브 규제 시스템으로는 부족하다는 것이 분명하다.

물론 네거티브 규제 시스템에도 부작용이 있다. 새로운 사업이 사회 안전에 위협이 되는 경우가 생길 수 있기 때문이다. 하지만 네거티브 규제에서는 사회 안전에 문제가 발생한 다음에 규제가 만들어지기 때문에, 처음에 어느 정도 문제가 발생하는 것은 필연적이다. 포지티브 규제 시스템만큼 안전성이 확보되지 않지만 진정한 성장과 발전은 네거티브 규제 시스템에서만 가능하다. 안전을 최우선시한다면 포지티브 규제를 채택하는 것이 옳을 것이다. 하지만 4차 산업혁명에 맞추어 변화하는 사회를 추구한다면 네거티브 규제를 지향해야 한다.

그러므로 규제혁신에서 가장 먼저 해야 할 일이 바로 포지티브 규제 시스템에서 네거티브 규제 시스템으로 바꾸는 일이다. 하지만 규제 시스템을 바꾸는 건 간단하지 않다. 우리나라 규제는 전체적으로 포지티브 규제를 전제로 만들어져 있다. 사업과 관련된 법령을 살펴보면, 우선 앞부분에 그 분야에서 어떤 사업을 할 수 있는지 명시되어 있다. 사업의 종류와 정의가 적혀있고, 사업을 할 수 있는 조건이 시행령 등에 나온다. 그리고 그 사업을 어떻게 해야 하는지, 규제를 위반하면 어떤 처벌을 받게 되는지 등이 규정되어 있다. 어떤 사업을 할 수 있는지부터 규정하고 그 사업을 운영하는 과정에서 준수하여야 하는 규제들이 나열되어 있다는 건 법령이 포지티브 규제를 전제로 만들어져 있다는 뜻이다.

이 경우, 법 조항 한두 개를 바꾼다고 문제가 해결되는 것이 아니다. 법률 전체가 바뀌어야 한다. 법을 만드는 방식과 법을 서술하는 방식 역시 마찬가지다. 말 그대로 시스템을 바꾸는 일이다. 절대 쉬운 일이 아니다.

하지만 포지티브 규제 시스템에서 네거티브 규제 시스템으로 방향을 바꾸는 건 단지 4차 산업혁명을 위해서만이 아니다. 앞으로 세상은 계속해서 변할 것이다. 지금은 4차 산업혁명을 이야기하고 있지만, 앞으로 수십 년 후에는 5차 산업혁명이 나올 텐데 포지티브 규제 시스템을 유지한다면 계속해서 문제가 발생할 수밖에 없다.

이런 생각을 할 수도 있다. 한국이 포지티브 규제 시스템인데도 불구하고 지금까지 잘 발전해오지 않았느냐고. 그것은 이전까지 한국에 규제가 없었기 때문이다. 일제 식민기, 한국 전쟁을 거치면서 한국의 산업은 제대로 성장하지 않았을 뿐만 아니라 제대로 된 규제도 만들어지지 않았다. 그동안의 경제 발전은 '규제에도 불구하고 성장'한 것이 아니라, '규제와 산업이 같이 성장'한 것이다. 별다른 사회 규제 시스템이 없는 상황에서 새로운 산업이 발전했고 그것에 맞게 규제도 만들어졌다. 조선 시대, 일제 강점기의 규제가 그대로 남아있었다면 어림도 없는 일이다. 하지만 한국 경제 성장기에 만들었던 그 규제들이 현재 한국 경제가 새로운 방향으로 나아가는 데에 도움이 되지 못하고 발목을 잡고 있다.

규제 시스템을 바꾸는 건 하루 이틀 사이에 할 수 있는 일이 아니다. 수십 년의 시간이 걸릴지도 모른다. 그 정도의 시간이 지나도 모든 법령이 네거티브 규제 형식으로 바뀌기는 힘들고 많아야 50:50의 비중이 될 것이다.

　전체 규제 시스템을 네거티브 시스템으로 바꾸는 건 장기적인 과제로 두더라도 4차 산업혁명과 관련된 부문만 먼저 네거티브 규제 시스템을 적용하는 건 어떨까. 핀테크, 빅데이터, 인공지능, 공유경제 등과 관련된 부문만이라도 사업의 자유성을 보장하는 것이다. 4차 산업혁명을 대비하기 위해서만이 아니라 앞으로의 한국의 미래, 장래를 위해서라도 포지티브 규제 시스템은 반드시 네거티브 규제 시스템으로 바뀌어야 할 것이다.

이익집단이 아닌
국민을 위한 규제

한국에서 4차 산업혁명 관련 사업을 추진하려면 규제에 부딪힐 일이 많다. 포지티브 규제 시스템에서는 일단 규제의 벽이 앞에 나타나게 되어 있다. 그때 그 규제가 빨리, 원활하게 완화되거나 변경이 되면 큰 문제가 없다. 다른 나라들보다 빨리, 세계 최초로 사업이 이루어지는 것은 불가능할지 몰라도 최소한 다른 나라의 4차 산업혁명 변화에 속도를 맞춰 따라갈 수는 있다. 하지만 지금 한국에서는 기존-의 규제를 변경하는 것이 상당히 힘들다. 규제가 보호하는 사람들, 소위 이익집단 관계자들의 반대가 강하기 때문이다.

우버가 한국에 진출했을 때 택시 조합은 강하게 반대했었다. 카풀 업체들이 사업을 확대했을 때도 마찬가지였다. 에어비앤비는 기존 숙박업체들이 반대했고, 원격의료는 의사들이 반대했으며 핀테크는 기존 금융업계가 반대했다. 이런 반대 때문에 규제는 변하지 않고 새로운 사업은 제대로 성장하지 못한다.

이익집단이 새로운 변화에 반대하는 것은 새삼스럽지 않다. 자신에게 부정적인 영향이 분명히 예상되는데 그 변화에 찬성하는 이익집단은 없다. 이익집단이란 자신의 이익을 주장하기 위해 만든 조직으로서, 자신에게 손해가 되는 일을 적극적으로 반대하는 것이 그들의 할 일이다. 문제는 이익집단의 주장에 따라가기만 하는 정부이다.

국가가 왜 성장하고 쇠퇴하는가에 대한 명저 중에 올슨의 『국가의 흥망성쇠』가 있다. 이 책은 이익집단을 통해 국가의 발전과 쇠퇴를 설명한다.

정부는 국가 전체에 가장 이익이 되는 정책 방안을 제시한다. 이익집단은 이 과정에 개입하는데, 이익집단의 힘이 세면 정부는 국가 전체를 위한 정책이 아니라 특정 이익집단을 위한 정책을 시행하게 될 때가 있다. 그렇게 되면 이익집단의 힘만 강해지고 국가 경제는 쇠퇴할 수밖에 없다.

그런데 가끔 커다란 사회 변화가 발생해서 기존 이익집단들이 완전히 무너질 때가 있다. 전쟁이나 혁명, 또는 외국의 식민지 지배, 해방 등이 발생하는 경우이다. 2차 세계대전으로 일본의 기존 이익집단들이 모두 해체됐다. 독일의 이익집단도 마찬가지이며 한국 같은 경우에도 해방, 한국 전쟁, 쿠데타를 거치면서 그전까지 힘이 강력했던 이익집단들이 모두 해체되었다.

이렇게 사회의 큰 변화로 말미암아 강력한 이익집단들이 모두 사라지면, 정부는 국가를 위한 최선의 정책을 만들고 시행할 수 있다. 이때 국가가 급속도로 성장한다. 하지만 계속 경제가 발전하다 보면 또다시 이익집단이 생기게 된다. 택시가 도입되지 않았을 때는 택시 조합 같은 이익집단이 없었다. 하지만 점차 택시가 증가하고, 택시 운행 관련 사람들이 증가하면서 택시 분야의 이익집단이 발생했다. 의사가 별로 없었을 때는 의사협회 등의 구성원도 별로 없고 힘도 강하지 않았지만 의사가 점점 많아지고 병원들이 증가하면서 의사협회의 힘이 강해졌다. 나라에 자동차 대수가 적을 때는 자동차 회사 노조의 힘도 적었다. 그러나 자동차 보급량이 증가하면서 자동차 노조의 힘도 커졌다. 이렇듯 사회가 발전하고 성장하게 되면 이익집단들도 함께 성장한다. 그러다가 마침내 이익집단들이 국가의 정책에 커다란 영향력을 발휘하는 시점이 온다.

이익집단의 힘이 더욱더 강해져서 국가의 정책을 좌우하게 되면 그 국가는 더 이상 발전할 수 없다. 이때부터 국가의 정책은 국민을 위한 정책, 국가를 위한 정책이 아니라 이익집단을 위한 정책이 되고 만다. 국가의 성장 가능성은 떨어지고 결국은 쇠퇴한다. 이익집단의 힘이 약하면 국가가 발전할 수 있지만, 이익집단의 힘이 세지고 국가 정책 결정에 큰 영향을 미칠 정도가 되면 더 이상의 국가 발전은 어렵다. 이것이 올슨의 『국가의 흥망성쇠』가 말하는 이야기다.

사회가 발전할수록 이익집단도 성장하기 마련이다. 그렇다면 어떻게 해야 국가 정책이 이익집단에 의한 정책이 되지 않게 할 수 있을까? 전쟁, 혁명, 쿠데타 등이 일어나면 이익집단이 모두 사라지거나 힘이 약해진다. 그러면 다시 국가 전체를 위한 정책을 펼 수 있다. 하지만 이익집단의 힘을 약하게 만들려고 전쟁, 혁명이 일어나기를 바랄 수는 없다. 이런 사회 파괴 없이 이익집단의 힘에 휘둘리지 않기 위해 정부의 역할이 매우 중요하다.

이익집단은 목소리가 크다. 주장도 강력하다. 반발도 세다. 그럼에도 불구하고 정부는 일반 국민들 입장에서 무엇이 가장 좋은지를 기준으로 삼아 규제를 만들어야 한다. 그래야 이익집단의 반대에도 불구하고 나라가 앞을 향해 나아가는 것이 가능하고, 그것이 불가능하면 나라는 올슨이 말한 정체 상태가 돼버린다.

이익집단과 달리 일반 국민들은 목소리가 작다. 주장도 강력하지 않고, 반발도 약하다. 그래서 이익집단과 일반 국민들의 의견을 수렴하려 하면 이익집단의 목소리만 들린다. 우버나 카풀의 경우, 이 서비스에 반대하는 택시 조합의 목소리만 크게 들린다. 우버나 카풀을 이용하는 이용자의 목소리는 잘 들리지 않는다. 원격의료의 경우, 원격의료에 반대하는 의사들의 목소리만 크게 들릴 뿐 원격의료를 원하는 시골 할아버지, 할머니의 목소리는 들리지 않는다. 국가의 귀에 계속 들려오는 목소리, 계속 제기되는 민원을 기준으로 정책이 만들어지면 이익집단을 위한 정책만 만들어지게 되어 있다.

목소리 큰 사람의 요구를 들어주고 가만히 있는 사람의 요구를 들어주지 않는 심판은 올바른 심판이 아니다. 심판은 상대방이 아무리 불평을 해도 원칙대로 판정을 내려야 한다. 우는 아이에게 떡 하나 더 주는 심판은 옳지 않다. 헐리우드 액션을 하는 축구 선수에게 프리킥, 페널티킥을 주는 심판은 자격 미달이다. 정부도 마찬가지이다. 정부는 이익집단을 위해 있는 게 아니라 보통의 국민들을 위해서 존재한다. 그러니 일반 국민 입장이 되어 무엇이 가장 좋은지를 판단해야 한다. 목소리 큰 이익집단의 말에만 귀를 기울일 때, 자격 미달인 정부가 되는 것이다.

우버가 전 세계로 진출하면서 어디에서나 택시업계의 반대에 부딪혔을 때 중국에서도 택시 운전사들이 파업했다. 사회주의 국가인 중국은 사람들의 단체 행동, 시위에 굉장히 엄격하다. 그럼에도 불구하고 택시 운전사들이 파업을 했다는 것은 우버 서비스가 그만큼 택시 운전사들에게 위협적인 존재라는 것이다. 하지만 다른 나라들은 대부분 우버의 차량공유 서비스를 인정했다. 중국 정부도 차량공유 서비스를 인정했다. 택시 운전사에게는 분명 손해를 끼치는 서비스지만 일반 국민들에게 유리하기 때문이다. 이렇듯 일반 국민 입장에서 규제를 만들 때 제대로 된 규제가 만들어질 수 있다. 목소리 큰 사람을 달래기 위한 규제를 만들 때 4차 산업혁명은 불가능하다.

정부가 4차 산업혁명 때문에 누군가 손해 입는 것을 막고 싶다면, 손해를 입는 사람에게 보상을 해주는 것은 어떨까. 금전적 보상도 좋다. 대신에 차량공유 서비스를 금하지 않는 것이다. 원격의료로 손해를 입는 의사들에게도 마찬가지로 보상을 해주고 원격의료를 시행해야 한다. 이런 방법으로라도 기업이 사업을 추진할 수 있게 해 주어야 한다. 그래야 4차 산업혁명으로 향하는 길을 걸어갈 수 있다.

주민등록번호 제도가
빅데이터 이용을 막는다

빅데이터를 얻으려면 정보를 자유롭게 이용할 수 있어야 한다. 하지만 우리나라에서는 정보 주체의 동의를 얻은 경우에만 제3자에게 정보를 제공하고 이용할 수 있도록 하고 있다. 그것도 미리 정한 목적에 한해서만 이용할 수 있다. 이렇게 정보 제공과 이용을 제한하면 실질적으로 빅데이터 이용이 불가능하다. 그래서 한국에서도 빅데이터를 활성화하고자 예외적으로 정보를 제공하고 이용하도록 만든 규정이 있다. 다음은 개인정보 비식별 조치 가이드라인에서의 규정이다.

> (비식별 조치) 정보집합물(데이터 셋)에서 개인을 식별할 수 있는 요소를 전부 또는 일부 삭제하거나 대체하는 등의 방법을 활용, 개인을 알아볼 수 없도록 하는 조치. 이와 같은 단계별 비식별 조치사항을 통해 개인정

정보에서 개인을 식별해낼 수 있을 때 이 정보를 타인에게 제공하거나 이용하는 건 안 되지만 개개인을 식별할 수 없는 정보는 타인에게 제공하거나 이용할 수 있다. 하지만 한국은 거의 모든 개인정보가 주민등록번호와 연결되어 있어 개인을 식별할 수 있다.

한 미국인이 온라인 쇼핑 사이트에서 특정 이메일을 아이디로 사용해 온라인 구매를 한다고 가정해 보자. 온라인 쇼핑 사이트는 이 이메일을 보유한 사람이 언제, 어떻게 상품들을 구매했는지에 대한 정보를 알 수 있다. 만약 이 미국인이 동일한 이메일로 온라인 게임 사이트에 가입했다고 가정해 보자. 게임 회사 역시 이 이메일을 보유한 사람이 어떤 종류의 게임을 하고 어떤 게임 아이템을 구입했는지 알 수 있다.

이 두 회사가 고객의 정보를 공유하게 될 경우, 동일한 메일 주소를 사용하는 고객의 쇼핑 정보와 게임 정보를 한눈에 파악할 수 있게 될 것이다. 그동안 전혀 상관없던 것으로 여겨온 쇼핑 정보와 게임 정보가 합쳐지면 특정 인물의 소비 습관과 행태에 대해 기업이 훨씬 더 많은 정보를 알 수 있게 된다. 이것이 빅데이터의 힘이다.

미국에서는 특정 이메일을 가진 사람의 다양한 정보를 서로 합친다고 해서 프라이버시 문제가 크게 발생하지 않는다. 왜냐하면 그 이메일을 사용하는 사람이 정확히 누구인지 알 수 없기 때문이다. 정확한 이름과 생년월일, 주소를 알 수 없다. 물론 사이트에 가입할 때 개인정보를 적지만 본명을 쓰지 않아도 되고 생년월일, 성별 등을 자기 마음대로 적어도 상관없다. 즉, 기업 측에서는 특정 이메일을 사용하는 사람의 소비 행태만 알게 될 뿐, 그 사람이 정확히 누구인지 파악할 수 없다. 그래서 프라이버시에 대한 큰 문제 없이 정보를 이용할 수 있다.

그런데 한국은 아니다. 네이버 등 포털 사이트에서 메일을 만들 때 반드시 실명을 이용해서 만들게 되어 있으며 주민등록번호로 실명 검증을 거쳐야 한다. 그렇기 때문에 한국에서는 쇼핑 정보와 게임 정보를 합쳐서 빅데이터로 만들 수 없다. 개인을 식별할 수 있는 정보를 동의 없이 제공하거나 이용할 수 없기 때문이다. 다른 기업에 정보를 제공하려면 이메일 주소를 제거하고 제공해야 한다.

이메일 주소를 제거하면 어떤 정보만 남을까? 쇼핑몰의 경우 회원에 대해 이런 식의 정보만 제공할 수 있다.

- 35세의 남성
- 서울 관악구 거주
- 구입 물품과 가격 등의 쇼핑 정보

같은 회원이 이용하는 게임 회사는 다음과 같은 정보를 제공할 수 있다.

- 35세의 남성

- 서울 관악구 거주

- 이용하는 게임과 아이템 구매 정보

두 회사는 이 정보가 한 회원의 정보라는 걸 알 수 없기 때문에 정보들은 융합되지 못하고 다음과 같이 별개의 자료로만 남을 것이다.

자료 1.	자료 2.
- 35세의 남성	- 35세의 남성
- 서울 관악구 거주	- 서울 관악구 거주
- 구입 물품과 가격 등의 쇼핑 정보	- 이용하는 게임과 아이템 구매 정보

하지만 미국에서는 각각의 정보를 이메일 주소를 통해 통합하여 빅데이터로 사용할 수 있다.

- male@mail.com   - 구입 물품과 가격에 대한 쇼핑 정보

- 35세의 남성   - 이용 게임과 아이템 구매 정보

- 서울 관악구 거주

이메일이 아닌 휴대전화 번호로 정보를 서로 연결하는 방법도 있다. 일본에서는 휴대전화 번호가 실명제가 아니기 때문에 번호를 안다고 해도 그 사람이 정확히 누구인지 공식적으로 알아낼 수 없다. 그래서 휴대전화 번호를 이용해서 자료를 융합할 수 있다.

하지만 한국에서는 휴대전화 번호가 정해질 때 번호와 주민등록번호가 연결되기 때문에 특정 휴대전화 번호를 쓰는 사람이 누구인지 알아낼 수 있다. 그렇기 때문에 정보를 공유할 때 이름도 공유할 수 없고 이메일, 전화번호도 마찬가지로 공유할 수 없다. 그야말로 성별, 나이, 대강의 주소만 공유할 수 있을 뿐이다. 하지만 이런 정보만으로는 다른 정보와 서로 연결하고 융합할 수 없다. 빅데이터 이용이 불가능한 것이다.

한국의 정보 융합, 공유를 막는 가장 큰 문제는 주민등록제도이다. 개인의 모든 정보가 주민등록번호와 연결되어 있다. 금융 정보, 의료 정보, 거주 정보, 이메일 주소, 전화번호, 심지어 학교의 학적 정보도 모두 주민등록번호와 연결되어 있다. 주민등록번호를 통해 개개인을 식별할 수 있는 정보는 이용하기 어려운데 한국에서 주민등록번호와 연결되지 않은 개인정보는 거의 없다.

빅데이터를 발전시키려면, 데이터와 주민등록번호 간의 연결을 끊어야 한다. 가장 좋은 건 주민등록번호 자체를 없애는 것이다. 한국인은 주민등록번호에 워낙 익숙해져 있어서 이것이 완벽한 개인 통제 장치라는 것을 인식하지 못한다. 외국은 국가가 모든 국민에게 주민등록번호를 부여하고 국민을 관리하는 게 개인 권리를 침해하는 일이라고 생각한다. 한국에서 주민등록번호가 도입된 건 1968년의 일이다. 군사정권의 힘이 가장 강한 시기였다. 민주 사회라면 이런 제도를 절대 쉽게 도입할 수 없다.

그러나 아무리 주민등록번호에 문제가 많다고 하더라도 국민연금, 의료보험, 은행, 세금, 학교 등 모든 곳이 주민등록번호를 기반으로 관리되고 있기 때문에 갑자기 주민등록번호를 폐기하면 사회 시스템이 정지될 것이다. 주민등록번호를 폐기할 수 없다면 최소한 주민등록번호를 사용하는 영역만이라도 축소해야 한다. 핸드폰 가입, 혹은 인터넷 사이트에 회원으로 가입할 때만이라도 주민등록번호를 이용하지 않는 방향으로 바꿔야 한다. 그렇게 되면 공공 부문은 몰라도 민간 영역에서는 개인 정보가 주민등록번호와 연결되지 않고 빅데이터로의 활용이 가능해질 것이다.

그런데 이 말은 곧 그 분야에서 실명제를 폐기한다는 뜻이다. 특정 핸드폰 번호를 사용하는 사람이 누구인지 파악할 수 없고, 특정 이메일이나 특정 사이트에 접속한 사람이 누구인지 알 수 없게 된다. 민간 부문에서는 이런 것을 알 수 없다고 해도 큰 문제가 되지 않지만 범죄 수사 부문에서는 문제가 될 수 있다. 현재 범죄 수사 방식에서 큰 역할을 하는 것 중 하나가 핸드폰, 그리고 인터넷 사용 기록이다. 피의자의 핸드폰에 기록되어 있는 번호만 확인하고도 그 사람이 누구인지 바로 알 수 있고 포털 사이트 로그인 기록 등으로 지금 범죄자가 어디에 있는지 바로 파악할 수 있다. 핸드폰, 인터넷 사이트와 주민등록번호와의 연결을 끊는다는 것은 이런 도움을 받을 수 없다는 의미가 있다.

데이터와 주민등록번호의 연결을 끊어야 빅데이터 활용이 가능해지는데 현실적으로 쉬운 문제는 아니다. 정부로서는 이 실명제가 굉장히 편리한 제도이기 때문이다. 또한 인터넷 댓글의 실명제를 요구하는 등 실명제를 당연하게 여기는 사회적 분위기도 무시할 수 없다.

과연 핸드폰, 인터넷 사이트 가입의 실명제가 폐지될 수 있을까? 그것은 어렵다고 본다. 한국에서 빅데이터는 포기하는 것이 가장 적정한 대안일지도 모른다.

오프라인에 대한 규제를
완화해야 한다

새로운 회사를 만들려면 자본금이 필요하다. 현재 상법에서는 회사를 만들 때 최소액면가 100원 이상의 주권을 발행하도록 하고 있다. 100원만으로 회사를 만들 수 있다는 뜻이다. 그런데 과연 100원만으로 회사를 만들 수 있을까? 그렇지 않다. 상법이 규정한 것과 별개로 또 다른 법률이 사업을 시작하기 위한 조건을 따로 규정하고 있다. 자본금의 액수, 필요한 시설과 인력 조건 등등이다.

투자를 위임받아 자금을 운용할 수 있는 자산투자운용사를 세우기 위해서는 투자 상품 종류에 따라 자본금이 최소 6억 원에서 27억 원까지 있어야 한다. 자본금만으로 자산투자운용사를 만들 수 있는 것은 아니다. 인력도 구해야 한다. 2명 이상의 임직원을 고용해야만 한다. 아르바이트 식의 고용은 안 되고 상근 근무자여야 한다.

어떤 이가 주식시장의 빅데이터를 이용해서 투자자금을 이용할 수 있는 인공지능 프로그램을 만들고 사업을 시작하려고 한다. 그 사람이 사업을 시작하기란 어렵다. 주식시장 빅데이터를 이용한 인공지능 프로그램으로 투자자문 사업을 하려면 40억 원 이상의 자본금이 필요한데 경력이 있는 2명 이상의 직원도 상근직으로 고용해야 하고, 이 인원이 들어갈 수 있는 사무실도 구해야 한다. 몇십 억을 가진 사람이 아니면 사업을 하지 말라는 말과 다름없다.

빅데이터 프로그램을 개발하는 사람은 둘 중에 하나를 선택해야 한다. 첫 번째 방법은 본인이 만든 프로그램을 이용해서 스스로 매매를 하는 방법이다. 5%의 수익만 올려도 훌륭하다. 하지만 현재 보유한 금액이 천만 원이라고 하면, 이 프로그램을 이용해서 수익을 올려도 1년에 50만 원, 복리로 수익을 올리면 14년이 지나야 이천만 원이 되고, 28년 정도 지나야 사천만 원이다. 프로그램을 통해 큰 수익을 올리기란 애당초 불가능하다.

다른 방법은 자산투자운용사에게 프로그램을 판매하는 것이다. 대신 몇천만 원의 수익을 볼 뿐, 그것으로 끝이다. 프로그램을 구입한 자산투자운용사만 거대한 이익을 얻는다. 백억 원을 운용하는 자산투자운용사의 경우, 1년에 오억 원의 이익을 얻을 수 있다.

결국, 재주는 곰이 부리고 수익은 다른 사람이 챙긴다. 4차 산업혁명으로 가난한 사람 혹은 평범한 일반인이 성공하는 것이 아니라, 기존의 대규모 기업들만 더 큰 이익을 챙긴다. 이런 식의 4차 산업혁명은 빈부격차를 더 크게 만들 뿐이다.

온라인 중고 자동차 경매업도 마찬가지다. 사업을 시작하는 데 필요하다는 3,300m^2 이상의 주차장은 일반인이 구매하기 힘들다. 재력가만 가능하다. 이미 주차장을 소유한 오프라인 사업자라면 온라인 사업 또한 할 수 있지만, 기술과 아이디어만 가지고 있는 사람이 온라인 사업을 시작하기란 어렵다. 이러면 일반인들의 사업 기회를 늘려주는 4차 산업혁명이 아니라, 기존에 사업을 하고 있던 사람들의 사업 영역을 늘려주는 4차 산업혁명일 뿐이다.

그동안 온라인과 오프라인 영역은 일정 부분 분리되어 있는 편이었다. 하지만 4차 산업혁명에서 온라인과 오프라인의 융합이 점점 거세게 이루어질 테니 규제의 문제가 더 중요해진다. 오프라인에서는 사업을 위해 일정 규모 이상의 자본금이나 시설을 갖출 것을 요구한다. 그러나 온라인을 기반으로 한 사업에서는 그런 규모의 시설이 필요 없다. 그렇다면 규제는 어떤 식으로 이루어져야 할까? 그동안 오프라인을 기준으로 만든 규제 시스템이 온라인에 어떤 식으로 적용되어야 하나?

세 가지 방법이 있다. 첫 번째, 온라인에도 오프라인 규제를 똑같이 적용하는 것이다. 즉, 온라인 자동차 경매장도 오프라인 자동차 경매장처럼 3,300m^2 이상의 주차장을 마련하게 하는 방안이다. 그런데 이 방안은 누가 봐도 적절하지 않다. 온라인 사업자에게 전혀 필요하지 않은 토지, 건물을 조건으로 부과하는 것은 불필요한 규제이다.

두 번째, 오프라인 부문과 온라인 부문을 별도로 규제하는 방법이다. 오프라인 사업을 하려는 사람은 $3,300m^2$ 이상의 주차장을 구비하도록 하고, 온라인 사업을 하려는 사람에게는 강제하지 않는 것이다. 오프라인으로 투자자문을 하려는 사업자는 수십억 원의 자본금을 준비하고 몇 명 이상의 직원을 고용해야 하지만, 온라인으로만 투자자문을 하려는 사업자는 별다른 조건을 부과하지 않도록 규정하는 것이다. 이 경우의 문제는 오프라인에서 이제껏 사업을 해온 사람이 불만을 제기할 수 있다는 점이다. 많은 사람들이 오프라인 사업에서 손을 뗄지도 모른다. 사업을 온라인으로 쉽게 할 수 있는데, 막대한 경비를 들이면서 일부러 오프라인으로 사업할 이유가 없다.

　세 번째 방법은 온라인과 오프라인에 대해 동일한 규제를 적용하되, 현재의 오프라인 규제를 대폭 낮추는 것이다. 예를 들어 자동차 경매업의 경우 $3,300m^2$ 이상의 주차장을 마련하라는 규제를 없앤다. 그러면 온라인 사업자도, 오프라인 사업자도 자동차 경매업에 진출할 수 있다.

　투자자문업을 하려는 사람에게는 수십억이 아니라 수천만 원 정도의 자본금만 있어도 사업이 가능하도록 한다. 그러면 빅데이터를 활용한 새로운 투자자문사가 쉽게 생길 수 있다.

　애초에 시설 규제가 만들어진 이유는 2차 산업혁명과 3차 산업혁명 당시에 그 정도의 규모를 갖추어야만 제대로 된 서비스를 고객에게 전달할 수 있다고 여겼기 때문이다. 경매장 규모가 $3,300m^2$ 이상은 되어야 많은 차들이 경매장에 소개될 수 있고 소비자들이 적정한 선택을 할 수 있다고 믿었다. 중고 자동차가 고작 한두 대밖에 없다면 소비자들이 제대로 된 중고차를 고를 수 없다. 그러니 소비자를 위해 3,300㎡ 이상의 주차장을 마련하라고 한 것이다.

그러나 4차 산업혁명기에는 주차장이 없어도 소비자들에게 충분한 선택 기회와 정보가 제공된다. 오히려 인터넷 앱을 이용함으로써 선택의 폭을 넓히고 정보도 더 많이 전할 수 있다. 2차, 3차 산업혁명에서 필요했던 시설 규제는 더 이상 고객에게 필요하지 않다. 시설 규제는 없애거나 대폭 낮추어도 된다.

투자일임사도 마찬가지다. 투자일임사에는 자금을 잘 운용할 인력이 필요하기 때문에 2명 이상의 전문가를 고용하도록 했다. 하지만 빅데이터 시대에는 자금운용자보다 프로그램을 통한 매매가 더 우선시된다. 투자전문가가 더 늘어난다고 해서 고객의 자금이 더 잘 운용되는 것이 아니다. 노동의 양이 중요한 시대에는 인력이 몇 명 있느냐가 중요했지만 4차 산업혁명은 인력의 양이 아닌 질이 중요하다.

4차 산업혁명을 위한다면 단순히 온라인 부문에 대한 규제를 완화하는 것만으로는 부족하다. 온라인과 오프라인이 융합되는 시기에 온라인 부문만을 위한 규제 완화는 필연적으로 오프라인 부문의 반발을 불러일으킨다. 오프라인에 대한 규제 자체를 낮추어야 한다. 그래야 오프라인, 온라인 사업이 모두 다 활성화될 수 있다.

국제적 추세에 맞는 규제를
해야 한다

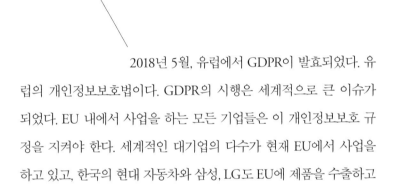

2018년 5월, 유럽에서 GDPR이 발효되었다. 유럽의 개인정보보호법이다. GDPR의 시행은 세계적으로 큰 이슈가 되었다. EU 내에서 사업을 하는 모든 기업들은 이 개인정보보호 규정을 지켜야 한다. 세계적인 대기업의 다수가 현재 EU에서 사업을 하고 있고, 한국의 현대 자동차와 삼성, LG도 EU에 제품을 수출하고 있다. 이 기업들 모두 GDPR을 따라야 한다.

GDPR은 이전의 것보다 훨씬 더 강화된 규정이다. 이제 GDPR 규정이 EU뿐만 아니라 다른 많은 국가들의 개인정보보호 기준이 될 것으로 예측되기 때문에 GDPR 시행이 전 세계적인 이슈로 떠오른 것이다.

하지만 한국에서는 GDPR의 발표가 그렇게 크게 화제에 오르지 않았다. 이유는 간단하다. GDPR의 개인정보보호 규정이 한국의 입장에서는 그리 강력한 게 아니었기 때문이다. 오히려 한국에서 시행하고 있는 개인정보보호 규제가 GDPR보다 훨씬 더 강도가 세다. 그러니 한국의 입장에서 GDPR은 이슈가 될 리 없었다.

4차 산업혁명과 관련해서 한국이 세계의 최첨단을 달리는 분야가 있는데 그것이 바로 규제 분야이다. 빅데이터, 인공지능, 공유경제 등등 산업 부문에서는 세계 선두그룹에 끼지 못하지만, 4차 산업혁명 분야에 대한 규제만큼은 선두 그룹에 속한다. 한국은 4차 산업혁명 분야에서 가장 먼저 규제를 만들고, 또 가장 강력한 규제를 만드는 국가다.

한국은 개인정보의 이슈가 발생하자마자 발 빠르게 규제를 만들었다. 현재의 개인정보보호법은 2011년에 제정된 것이다. 이때 만들어진 것이 2018년에 시행된 유럽의 GDPR 개인정보 규제보다 훨씬 더 강력했다. 한국의 개인정보보호는 세계에서 가장 높은 수준이다. 왜냐하면 한국의 개인정보가 주민등록번호와 연결되어 있기 때문이다. 그런데 개인정보보호 분야뿐만이 아닌 4차 산업혁명과 관련된 다른 분야들에서도 한국의 규제는 굉장히 앞서있다.

2017년 전 세계에서 암호화폐가 폭등하는 현상이 나타나자 한국은 바로 암호화폐 발행 ICO를 금지했다. 중국에 이어 세계 2번째였다. 중국은 2017년 9월 초에 ICO를 금지했고, 한국은 9월 말에 금지했다. 한국이 ICO를 금지한 때는 아직 암호화폐 가치가 크게 오르기 전이었다. 같은 해 1월에 100만 원이었던 비트코인이 9월에 최고

550만 원까지 올랐고 12월에 2,500만 원까지 상승했다. 본격적인 폭등이 오기 전에 강력하게 암호화폐를 규제했다.

그 이후 선진국, OECD 국가 중에서 ICO를 금지한 국가는 없다. 한국은 ICO 외에도 암호화폐 거래소와 은행 간 거래 규제, 미성년자, 외국인 거래 금지 등을 규제하고 있다. 1인당 거래 금액 제한, 거래소 폐쇄까지 대안으로 고려했다. 한국은 세계에서 암호화폐에 대해 강력히 규제하는 대표적 국가가 되었다. 세계 암호화폐 시장에서 한국의 역할은 거의 없지만, 규제 부문에서는 첨단을 달린다.

공유경제에 대해서도 규제 속도가 굉장히 빠르다. 우버뿐만 아니라 카풀, 콜버스 등에 대해서도 곧바로 경찰에 고발하고 제재에 들어갔다. 이 서비스들이 합법인지 불법인지에 대해 논란이 있기는 하다. 그러나 한국에서 합법인지 불법인지를 결정하는 권한은 법원에 있다. 정식 절차를 거쳐 법원에서 불법이라고 판결이 난 다음에 제재한다면 괜찮은 편이다. 그러나 한국에서는 법원에서 불법이라고 판결이 나기 전에 이미 규제를 시작한다. 한국처럼 공유 차량 서비스에 재빠르고 철저하게 규제하는 국가는 거의 없을 것이다.

핀테크가 약간 성장하는 듯하자 바로 규제가 생겼다. 핀테크를 통해 투자하려는 사람은 최대 천만 원까지만 투자할 수 있다. 핀테크 투자에 성공해서 6%의 수익률을 얻는다고 해도 천만 원을 투자하면 수익이 1년 동안 60만 원이다. 투자 수익을 얻으려는 사람들은 1년에 60만 원을 얻기 위해 투자하지 않는다. 정부는 핀테크 산업이 더 이상 성장하지 못하도록 아주 발 빠르게 규제를 만들었다. 이런 규제도 다른 나라에서는 보기 어렵다.

한국은 새로운 분야에 대해 정말 빠르게 대처한다. 특히 규제 측면에서 그렇다. 그리고 다른 나라에 없는 새로운 규제를 만들어낸다. 이런 규제를 소위 갈라파고스 규제라고 한다. 이대로 가다간 한국은 4차 산업혁명에서 갈라파고스 규제의 낙원이 될 것이다.

이미 한국에만 존재하는 갈라파고스 규제들이 제법 많이 있다. 대형 카지노를 만들 때 외국인만 출입시키는 규제, 경마와 경륜, 카지노 등에서 한 번에 10만 원까지만 베팅할 수 있게 하는 규제, 셧다운제, 온라인 게임 아이템 거래 규제, 공인인증서 등도 한국 특유의 규제들이다.

여기에서 재미있는 사실이 있다. 한국 특유의 규제가 적용된 분야 중 세계에서 경쟁력이 있다고 여겨지는 분야는 없다. 한때 온라인 게임이 전 세계에서 최고의 경쟁력을 갖춘 때가 있었다. 하지만 셧다운제와 한 달 이용금액 제한 등 한국 특유의 규제들이 만들어지면서 온라인 게임 강국의 지위를 내려놓게 된다. 한국은 카지노가 굉장히 많지만(내국인 입장이 가능한 카지노는 강원랜드 한 곳, 외국인이 입장할 수 있는 카지노는 총 16곳이다.) 카지노가 2개밖에 없는 싱가포르보다도 카지노 리조트로서의 위상이 낮다. 한국에만 있는 규제 때문에 전 세계를 상대할만한 실력이 생기지 않는다. 갈라파고스 규제에 문제가 있는 건 이 때문이다.

4차 산업혁명의 길을 걸으려면 다른 나라들의 산업 추세를 따라야 한다. 규제에 대한 추세도 마찬가지다. 다른 나라에는 없는 규제를 만들면서 세계적으로 경쟁력 있는 산업을 만들겠다는 건 어불성설이다.

4차 산업혁명이 일으키는 문제들은 한국만이 아니라 해외에서도 모두 다 발생하는 문제들이다. 그런데 한국만 이런 문제들에 대해 곧바로 강력한 규제를 만들고 있다. 4차 산업혁명 분야에서는 아직 선두에 나서지 못했는데 규제 측면에서만 선두에 나선다. 다른 나라들은 한국의 규제가 선두에 서 있는 걸 보고 따라오려고 하진 않는다. 결국 한국의 규제는 전 세계에서 외톨이가 되고, 한국의 4차 산업혁명도 외톨이처럼 홀로 떨어져 길을 잃을 것이다.

규제를 만들 땐 다른 나라의 추세를 참고하면서 만들자. '한국은 외국과 다르다'라고 말하면서 한국 특유의 규제를 만들지 말자. 다른 나라와 전혀 관련이 없는 내수 부문이라면 괜찮겠지만 국제적인 경쟁력을 갖추고자 하는 부문은 곤란하다. 미래의 먹거리라고 예상하는 4차 산업혁명 부문에서 만들어지는 한국 특유의 규제가 산업 성장의 기반을 망칠 것이다.

미래에 대한 확신으로
규제 하지 말자

2013년에 가상화폐인 비트코인의 1차 붐이 있었다. 1개에 15만 원 수준이던 비트코인의 가격이 100만 원 넘는 가격으로 상승했다. 비트코인이 일반인들에게 그 존재를 처음으로 알린 때가 바로 이때다. 이전까지 비트코인은 컴퓨터 업계 사람들 사이에서만 알음알음 알려져 왔다. 비트코인의 개당 가격이 100만 원 이상으로 오르자, 일반인들이 그제야 가상화폐의 존재를 알고 관심을 가졌다. 그럼 비트코인이 앞으로 화폐 역할을 하게 될까? 정부 금융계 인사는 그당시 이런 말을 했다. "비트코인은 앞으로 2~3년 뒤에는 흔적조차 없을 것이다."

2018년에 비트코인은 또다시 세계의 이목을 받았다. 비트코인의 가격이 19,300달러를 넘어서서 한화로 이천만 원이 넘는 가격이 된 것이다. 한국의 금융감독원장은 이렇게 말했다. "2000년대 초반의

IT 버블 때 페이스북 등 IT 기업들은 형태가 있었지만 비트코인은 그렇지 않다. 나중에 버블이 확 빠질 것이다. 내기해도 좋다."

사실 비트코인의 미래는 아무도 모른다. 앞으로 실제 화폐처럼 사용하게 될지, 금 같은 가치 자산이 될지, 아니면 완전히 사라지게 될지, 가격이 어떻게 변동할지 아무도 모른다. 그런데 한국에서 규제를 담당하는 사람들은 너무 큰 확신을 가지고 있다. 비트코인은 곧 가치를 잃고 사라질 것이라는 확신 말이다. 그렇기 때문에 규제를 만들 때도 자신감에 차있었다. 비트코인이 미래에 현재보다 훨씬 더 높은 가치를 가질 수 있다는 가능성이 있다고 생각했다면 가상화폐에 대해 그렇게 강력한 규제들을 계속 내놓을 수 없었을 것이다.

문제는 이런 식의 미래에 대한 확신이 절대 합리적이지 않다는 점이다. 일반적인 분야에서도 미래를 예측하는 일은 어렵다. 그런데 4차 산업혁명처럼 새로 나타난 현상에 대해 미래를 예측하는 것은 불가능하다. 사람들은 4차 산업혁명이 앞으로 세상을 변화시킨다는 말들을 한다. 아마 4차 산업혁명이 세상을 변화시키는 것, 그 자체는 맞을 것이다. 그러나 어떤 식으로 세상을 변화시킬지, 4차 산업혁명으로 인해 어떤 세상이 만들어질지는 아무도 모른다. 이렇게 미래를 알 수 없는 상황에서 정부가 자신들의 예측이 확실하다고 믿고 그에 따라 규제를 만드는 것은 위험하다. 지금의 한국 정부는 마치 예언자 같다. 앞으로 이렇게 될 것이라고 단언하고 미래의 일을 실행하기 위해 산업을 지원 하거나, 막기 위해 산업 규제를 만든다.

1990년대 중반, 인터넷이 처음으로 일반화되기 시작했다. 그때 인터넷 보안 문제도 함께 등장했다. 정부는 미래에 인터넷 정보보호 문제가 더욱 중요해지리라 생각했다. 그래서 정보보호센터, 지금의 KISA를 만들었고 인터넷 정보보호를 보증하는 공인인증서도 만들었다. 정부는 앞으로 모든 사람들이 공인인증서를 사용하리라 예상했다. '한국을 넘어 전 세계 모두 공인인증 기술을 사용할 것이다.', '한국이 만든 공인인증서는 세계 인터넷 정보보호의 표준이 될 수 있다.', 정부는 그렇게 예상했고 확신했다.

그런데 이렇게 훌륭한 기술인 공인인증서를 사람들이 잘 사용하려고 하지 않자, 어차피 모든 사람들이 사용하게 될 기술이라며 공인인증서 사용을 의무화시켰다. 사용 시기를 조금 빨리 당긴다고 문제될 것이 없다는 판단이었다. 정부는 은행 거래, 인터넷 쇼핑 등을 이용할 때 공인인증서를 무조건 사용해야 한다는 규제를 만들었다. 그 이후의 이야기는 모두가 아는 바와 같다. 공인인증서는 한국의 정보보안 기술을 굉장히 뒤처지게 만들었다. 한국은 세계 표준에서 동떨어진 정보보호 기술을 갖게 됐다. 공인인증서 제도는 한국의 인터넷 발달을 저해하는 가장 대표적인 규제가 되었다.

공인인증서 제도가 과연 그렇게까지 보안에 우수한 제도였을까? 당시 정보보안을 위해 수많은 기술들이 개발되었고 공인인증기술도 그 기술 중 하나였을 뿐이다. 앞으로 또 어떤 기술이 개발되고 보급될지 잘 모르는 상황이었다. 하지만 정부는 공인인증기술에 확신을 가졌다. 그래서 공인인증서를 보급하고, 또 이용을 강제했다. 문제는 공인인증 기술 자체가 아니다. 이것에 확신을 가지고 지원과 규제를 가한 정부가 문제인 것이다.

1998년, 온라인 게임 리니지가 출시되었다. 리니지 게임의 온라인 아이템 거래는 처음부터 사회적 이슈를 불러일으켰다. 온라인 게임 내의 아이템을 현금으로 거래할 수 있다는 점이 문제였다. 온라인 게임 내에서 사용하는 무기가 수백만 원에 팔리고, 온라인 게임 내에서 통용되는 화폐 아덴이 실제 현금과 교환됐다. 인터넷상의 전자 기호에 불과한 온라인 게임 아이템을 현금으로 사고파는 일은 당시 리니지를 하던 게이머를 제외하고는 도무지 이해할 수 없는 일이었다.

이해를 할 수 없으면 먼저 이게 어떻게 된 일인가 계속 지켜보고 관찰해야 한다. 그런데 한국 정부는 온라인게임 아이템 거래를 사기라고 규정했다. 온라인 게임 아이템 거래는 실체가 존재하지 않는 물건을 사고파는 일이라고 생각한 것이다. 현실 세계에서 아무런 가치가 없는데도 상대방을 속여 돈을 받고 판매하니 온라인게임 아이템 거래를 사기로 규정하고 규제하려 했다. 아이템 거래가 무언지 잘 확신이 서지 않으면 규제를 하기 어려웠을 것이다. 하지만 정부가 온라인 아이템 거래를 사기라고 확신했기 때문에 많은 규제안을 만들어 낼 수 있었다.

온라인 게임 아이템 거래가 사회에서 처음 논의된 지 이제 20년이 넘어간다. 지금 생각하면 온라인 게임 아이템 거래를 인정해야 하느냐, 금지해야 하느냐에 대해 논란을 벌였던 자체가 우스운 일이다. 지금은 현금으로 온라인 아이템을 사고파는 일이 너무나 당연하다. 하지만 당시의 정부는 온라인 게임 아이템 거래를 사기라고 확신했고 거래를 금지하려고 했다.

미래는 미지의 영역이다. 특히 4차 산업혁명의 미래는 아무도 어떻게 될지 모르는 미지의 영역이다. 불확실한 4차 산업혁명의 방향을 확신을 갖고 예측하고, 그에 따라 규제를 만드는 일은 위험하다. 사업가, 투자자는 미래에 대해 확신하면서 행동해도 된다. 하지만 정부 규제는 다른 문제다. 확신을 가지고 규제를 하면 곤란하다.

한국의 초소형 전기자동차는
왜 이제야 운행되었나

2018년 11월, 최근 초소형 전기자동차 트위지 TWIZY를 거리에서 가끔 마주칠 때가 있다. 초소형 전기자동차라 1~2명만 탈 수 있고 장거리 운행은 힘들지만, 짧은 거리를 운행하는 데에는 별문제가 없어 주로 근거리 배달업체가 트위지를 사용한다.

트위지는 초소형이라 주차면적에 크게 구애받지 않고 전기자동차이니 대기오염도 많이 일으키지 않는다. 전기자동차가 앞으로 대세가 될 것이라는 말들을 하지만 전기자동차는 이미 실용화되어 이렇게 사용되고 있다. 초소형 전기자동차가 좀 더 많이 보급되면 거리의 모습도 바뀔 것이다.

한국의 트위지는 2017년 여름에 출시되었다. 유럽에서는 초소형 전기자동차가 2012년부터 달리기 시작했고 일본에서는 2013년부터 거리 운행을 시작했으니 한국의 초소형 전기자동차는 다른 나라들보다 5년이 지나고 나서야 뒤늦게 운행된 것이다.

한국의 거리에서 이렇게 뒤늦게 트위지를 만나게 된 이유는 물론 규제 때문이다. 유럽에서 초소형 전기자동차가 개발되고 상용화된 후, 한국에서도 이 기술을 받아들여 트위지를 출시했었다. 트위지는 원래 2015년에 운행을 시작하기로 예정되어 있었다. 하지만 그 당시의 규제 때문에 도로에서 달릴 수 없었다. 트위지가 법에서 정한 자동차 분류와 맞지 않는다는 점이 가장 큰 문제였다.

한국에서 자동차는 경형, 소형, 중형 등으로 규격이 정해져 있다. 그런데 트위지는 초소형이라 자동차 분류 규격과 맞지 않는다. 법에 의하면 트위지는 자동차가 아니었다. 그렇다고 2륜 자동차, 오토바이라고 할 수도 없었다. 2륜 자동차는 바퀴가 2개여야 하는데 트위지는 바퀴가 2개보다 많다. 트위지는 한국의 규제하에서 오토바이도, 자동차도 아니다. 오토바이나 자동차만 거리를 달릴 수 있으니 트위지는 거리를 달릴 수 없었다.

유럽에서는 새로운 형태의 자동차가 출시되면 자동차 분류 체계가 곧바로 변경된다. 그래서 초소형 전기자동차가 개발된 이후에도 운행하는 데 아무런 문제가 없었다. 하지만 한국에서는 자동차 분류 체계에 맞지 않는 자동차는 운행할 수 없도록 규정해놓고, 새로운 자동차가 개발되었다고 해서 자동차 분류 체계를 변경하지도 않는다. 주차 문제를 해결하는 자동차, 전기를 사용해서 환경을 보호하는 자동차를 개발했다는 건 중요하지 않았다. 기존 자동차 분류 규제에 맞느냐, 아니냐가 중요했다.

누가 보아도 이상한 일이다. 하지만 규제는 쉽게 바뀌지 않는다. 2017년 여름에 트위지가 출시되었던 것도 자동차 분류 규제가 달라졌기 때문이 아니다. 유럽 등의 국가에서 승인받아 안전성을 인정받은 자동차는 한국의 자동차 분류 체계에 맞지 않더라도 별도로 운행할 수 있다는 특례가 만들어졌기 때문이다. 트위지 운행은 허용됐지만 규제 자체가 바뀐 것은 아니다.

트위지 사례만 보아도 한국 규제의 문제점이 그대로 드러나 있다. 한국에서는 자동차 분류 규제에 맞는 자동차만 만들어야 하고, 아무리 기술이 발달해도 기존 규제 분류에 적합하지 않은 자동차는 만들면 안 된다. 이런 환경에서는 혁신적인 자동차가 만들어지기 힘들다.

한국에서는 규제 때문에 변화와 혁신을 이루기 힘들다. 변화와 혁신은 주로 외국에서 시작된다. 외국에서 어떤 산업 부분에 혁신이 이루어지면 그제야 한국에서도 검토하기 시작한다. 유럽에서 초소형 전기자동차를 만들고 보급하자 한국도 이것을 보고 받아들인 것이다.

받아들이겠다는 결정을 했다고 해서 곧바로 받아들이는 것도 아니다. 초소형 전기자동차는 2012년에 발명되었고 일본은 1년 만에 이를 받아들여 운행했다. 하지만 한국에서는 초소형 전기자동차가 거리에서 운행되기까지 5년이 걸렸다. 안전성이 의심받아 보류된 것이라면 인정할 수 있다. 하지만 초소형 전기자동차가 안전 문제를 일으킨 적은 없다. 한국에 관련 기술이 없어서 보급할 수 없었는가 하면, 그것도 아니다. 한국에서는 이미 2015년에 트위지를 만들어서 판매하려 했었다.

특별한 이유가 있어서 운행 시기가 늦어진 것이 아니다. 단지 자동차 분류 규제에 맞지 않는다는 이유 때문이었다. 자동차 분류 규제를 변경해야 하는데, 법령 규정을 바꾸는 것이 쉽지 않았기 때문이다. 결국 자동차 분류 규제는 제대로 변경되지 않았다. 단지 특례를 만들어서 트위지 운행을 가능하게 했을 뿐이다. 문제가 원천적으로 해결된 것이 아니니 훗날 또 다른 혁신 자동차가 개발된다면 똑같은 문제가 반복될 것이다.

혁신과 변화가 이루어지려면 규제에도 불구하고 새로운 제품을 만들 수 있도록 해야 한다. 유럽에도 자동차 분류 규제가 있었지만 유럽의 자동차 기업들은 굴하지 않고 새로운 자동차를 개발했다. 이전보다 훨씬 더 좋은 자동차를 만들었는데 규제 때문에 판매를 못하게 될 일은 일어나지 않을 거라는 걸 알고 있었기 때문이다.

유럽의 자동차 분류 관련 규제는 '정해진 것만 만들어야 한다'는 방식의 포지티브 규제가 아니다. 반면 한국의 자동차 분류 관련 규제는 포지티브 규제다. 규정된 것만 만들어야 하고 그 외의 것은 인정하지 않는다. 이처럼 포지티브 규제 하에서는 아무런 변화가 일어나지 않기 때문에 네거티브 규제의 도입이 필요하다.

포지티브 규제라고 하더라도 규제가 유연하게 바뀔 수만 있다면 괜찮다. 일본처럼 1년 만에 뒤따라갈 수 있다면 큰 문제는 아닐 수 있다. 하지만 한국에서는 규제가 유연하게 적용되지 않는다. 규정이 빨리 변하는 것도 아니다. 트위지의 경우에 규정 개정을 반대하는 목소리도 없었는데 운행이 허용되는 데에 무려 5년이라는 시간이 걸렸다. 규정 개정을 결사반대하는 단체가 있었다면 언제 허용될지 기약할 수 없었을 것이다.

한국의 인공지능 기술은 선진국보다 2년 정도 뒤처져있다. 2년이라는 차이는 어마어마하다. 기술이 끊임없이 발전하는 현대 사회에서 2년의 차이란 무시할 수 없다. 그런데 규제 때문에 한국이 다른 나라들보다 항상 몇 년씩 뒤처지게 된다면 이것은 엄청난 차이를 발생시킨다. 몇 년이라는 것은 기술 혁신 분야에서 절대 다른 나라들을 따라갈 수 없는 정도의 시간이다.

한국의 규제는 네거티브 규제 시스템으로 바뀌어야 한다. 규제의 유연한 적용, 규제의 적절한 변화가 필요하다. 또한 이해관계자에게 별도의 보상을 하더라도, 이해관계자의 목소리 때문에 규제가 변화하지 않는 일은 없도록 해야 한다. 그래야 무언가 변화가 가능해진다. 규제 시스템이 변하지 않으면 한국은 항상 똑같은 모습일 것이다. 변한다고 해도 다른 나라를 뒤따라가기만 할 것이다. 우리는 그런 사회를 원하지 않는다. 변화가 있는 사회를 만들려면 현재 우리에게 가장 필요한 것 중 하나는 바로 규제의 변화일 것이다.

대한민국 규제 백과

초판 1쇄 발행 2018년 12월 24일
초판 2쇄 발행 2019년 12월 15일

지은이   최성락
펴낸이   최용범

편 집   김소망
디자인   신정난
관 리   강은선

펴낸곳   페이퍼로드
출판등록 제10-2427호.(2002년 8월 7일)
주소   서울시 동작구 보라매로5가길 7 1322호
이메일   book@paperroad.net
블로그   blog.naver.com/paperoad
페이스북 www.facebook.com/paperroadbook
전화   (02)326-0328
팩스   (02)335-0334

ISBN   979-11-88982-71-4(03320)